Peter Hirsch
Er nannte sich Peter Surava

Peter Hirsch

Er nannte sich Peter Surava

Mit Fotos von Paul Senn

Rothenhäusler Verlag Stäfa

© Rothenhäusler Verlag, CH-8712 Stäfa
Fotos: Paul Senn
Umschlaggestaltung: Lilian-Esther Perrin,
nach einer Porträtbüste des Autors von Rolf Brem, Luzern.
Gesamtherstellung: Benziger AG, Einsiedeln
ISBN 3-907960-46-7
Printed in Switzerland

INHALT

Das Verhör	7
Die Unschädlichmachung	31
Eine tapfere Frau	43
Im Gehege der heiligen Kühe	53
Besser Vieh als Knecht	69
Nur ein Verdingbub	77
Wie ich zum «Vorwärts» kam	87
Abschied von der «Nation»	95
Trauerspiel PdA	105
Bildteil	113
Der Prozess	149
Im Niemandsland	165
Kein Lohn – ein Hohn	177
Ein gewisser Josef Brunner	191
Die Bettelsuppe	199
Ende und Anfang	209
Nachwort des Verlegers	221
Zeittafel	225
Personenregister	229
Zwei Leseproben	233

DAS VERHÖR

Als das Kindermädchen an die Schlafzimmertüre klopfte, war ich bereits am Erwachen. Wahrscheinlich hatte mich die Hausglocke geweckt. Es war genau 6 Uhr früh. Anni sagte: «Es sind drei Herren von der Staatsanwaltschaft da.» Ihre Stimme klang ängstlich und verstört.
Ich stand auf und sagte: «Führen Sie sie in die Stube. Ich bin in zehn Minuten unten. Wir bewohnten damals in Basel das Haus des Komponisten und Radiomusikers Tibor Kasics: eine Stube und einen Arbeitsraum unten; oben, hart unter dem Dach ein Schlafzimmer, ein Kinderzimmer und ein Bad. Meine Frau hatte bei der Geburt unseres zweiten Mädchens schwere Blutungen erlitten und war noch sehr schwach. Die beiden Kinder schliefen. Es war der 16. Mai 1946.
Während ich mich wusch und rasierte, liefen meine Gedanken zurück zu jenem Tag vor etwa zwei Jahren, als ich einen merkwürdigen anonymen Telefonanruf erhielt. Eine männliche Stimme sagte:
«Sind Sie Peter Surava?»
«Ja, und wer sind Sie?»
«Ich kann Ihnen meinen Namen nicht nennen, aber hören Sie gut zu.»
«Mache ich.»
«Gegen Sie wird eine üble Sache anlaufen. Passen Sie auf! Es wird sehr gefährlich werden.»
«Wer sind Sie?»
«Ein Freund.» Ende.
Ich stieg die offene Treppe ins Wohnzimmer hinunter. Am Schiefertisch sassen drei dunkel gekleidete Herren mit ernsten Gesichtern. Einer stand auf, gab mir die Hand und sagte: «Guten Tag, setzen Sie sich.»
«Warum mitten in der Nacht?»

«Wir wollen kein Aufsehen erregen.»
«Verhaftung?»
«Nicht direkt. Im Lohnhof ist ein Untersuchungsrichter aus Bern eingetroffen. Er will Sie einvernehmen. Wir leisten nur Amtshilfe.»
«Um was geht's?»
«Wissen wir nicht.»
«Lassen Sie mir noch eine Viertelstunde Zeit?»
«Wir müssen noch eine Hausdurchsuchung machen.»
«Bitte, aber erschrecken Sie die Kinder nicht.»
Hinter dem Mann, der mich begrüsst hatte, stand ein alter bemalter Bauernkasten mit der Aufschrift Katherlina Fröbeny 1753. Der Kommissar stand auf, drehte den alten Schlüssel und öffnete die knarrende Schranktüre um einige Zentimeter. Er blickte nicht hinein, schloss die Türe wieder, drehte den Schlüssel und sagte: «Die Durchsuchung ist beendet.»
Ich schloss daraus, dass mir die drei Männer gut gesinnt waren und fragte, ob sie mit mir noch einen Kaffee trinken würden. Ganz nüchtern wolle ich dem Gnädigen Herrn aus Bern nicht gegenübertreten.
Das wollten sie gerne. Dann ging ich nochmals hinauf ins Schlafzimmer, wo meine Frau mit erschrockenen Augen im Bett sass und erklärte ihr, dass ich am Abend wieder da sein würde, vielleicht schon am Mittag. Ich würde sie anrufen. Ich umarmte sie und ging dann ins Kinderzimmer, wo Anni gerade das Neugeborene wickelte. Ich küsste die noch verschlafenen Mädchen und ging wieder in die Stube.
«Gehen wir!»
Die schwarze Limousine fuhr über die noch verkehrsarme Wettsteinbrücke, hinauf zum Lohnhof, einem zum Teil mittelalterlichen Gefängnis, an das ein moderner Trakt mit neuen Zellen und Büros für die Beamten angebaut war. Die drei Begleiter übergaben mich einem uniformierten Polizeimann, der mich in einen langen Korridor brachte,

von dem aus verschiedene Türen in die Amtsstuben führten. Er setzte sich auf eine Bank, bedeutete mir mit einer Handbewegung, ebenfalls Platz zu nehmen, und fing an, die Zeitung zu lesen. Ich wollte mich aber nicht setzen und begann, langsam auf- und abzugehen. Ohne aufzublicken sagte der Polizist: «Hock doch endlich ab!»
Der Ton gefiel mir nicht, und dass er mich duzte noch weniger. Ich sagte kalt, ich könne mich nicht an die Schweine erinnern, die wir zusammen gehütet hätten, und ich würde hier auf- und abgehen, solange es mir passe.
Er sagte nichts mehr und las weiter.
Jemand holte mich dann in ein grösseres Zimmer. Hinter einem breiten Tisch, auf dem einige Aktenbündel lagen, sassen der Untersuchungsrichter aus Bern und ein Schreiber.
Bevor ich mich setzte, fragte ich ihn, ob ich ihm eine Frage stellen dürfe.
«Bitte», sagte er.
Warum man diese Leute damals mit Präsident anredete, ist mir unklar, aber ich sagte: «Herr Präsident, würden Sie den Waffenfabrikanten Bührle, der unser Land durch seine illegalen Waffenverkäufe auf der ganzen Welt in Misskredit gebracht hat, auch morgens um 6 Uhr aus dem Bett holen? Würde er nicht viel eher eine höfliche schriftliche Anfrage erhalten, wann ihm ein Termin beim Untersuchungsrichter zusagen würde?»
«Das gehört nicht hieher», sagte er, «wir fangen jetzt an.»
Nach der üblichen Befragung zur Person, zu den Namen und der Herkunft meiner Eltern und Grosseltern, ging es los.
«Es liegt eine Anzeige gegen Sie vor wegen Urkundenfälschung, Betrugs und ungetreuer Geschäftsführung, begangen zum Nachteil der Verlagsgenossenschaft der Wochenzeitung ‹Die Nation› in Bern.»
«Was habe ich verbrochen? Unterschlagen? Mich bereichert?»

«Nicht direkt, vermutlich. Sie werden es schon noch erfahren.»

In diesem Moment wurde der Untersuchungsrichter ans Telefon gerufen und verliess das Zimmer. Während ich wartete, wanderten meine Gedanken zurück in die Jahre 1939/40. Hitler hatte Polen überfallen, ein Attentat auf den Führer im Münchner Bürgerbräukeller war misslungen. Er hatte die baltischen Staaten an Stalin verraten, der nun Finnland angreifen konnte und den Deutschen in Norwegen freie Hand liess. Im Salonwagen bei Compiègne wurde der deutsch-französische Waffenstillstand unterzeichnet. Hitler führte seinen grotesken Siegestanz vor dem Generalstab auf. Goering wurde als Hitlers Nachfolger bezeichnet und zum «Reichsmarschall des Grossdeutschen Reiches» ernannt.

Prominente Schweizer Journalisten grosser Zeitungen, Parteien und Verbände wurden von Goebbels nach Berlin eingeladen. Sie kamen sehr beeindruckt, einige auch verschüchtert und irritiert nach Hause. Nur Hitler nicht unnötig reizen, lautete die Parole. Die Anhänger Hitlers in der Schweiz witterten Morgenluft und stellten ihre Gauleiterlisten für die Eidgenossenschaft zusammen.

Es gab aber auch Schweizer, die ihr Land nicht verschachern wollten. Sie riefen zum Widerstand auf. Eine solche Gruppe aus verschiedenen Parteien hatte bereits am 1. September 1933 eine Wochenzeitung gegründet und nannte sie «Die Nation». Zweck: Geistige Landesverteidigung, Ablehnung des Faschismus und des Rassenhasses. Ablehnung des Führerprinzips, Verteidigung und Ausbau einer sozialen Demokratie.

Bei Kriegsausbruch war ich 27 und fest entschlossen, Journalist zu werden und jeder Anpasserei den Kampf anzusagen. Nach dem Umzug von der Lenzerheide nach Bern fand ich schnell Kontakt zur «Nation» und identifizierte mich mit ihrer politischen Idee.

Eines Tages, Hitler hatte eben wieder einen seiner grossen Siege errungen, rief mich der Chefredaktor, Dr. Hans Graf, zu sich. Ich schätzte ihn als begabten Journalisten, mutig und klar in der Formulierung und als liebenswerten Menschen.
«Hören Sie zu. Ich gehe. Ich verlasse die ‹Nation›, und zwar sofort.»
«Um Gottes Willen, warum?»
«Die Jungbauern wollen eine eigene Zeitung herausgeben und brauchen mich für ihre Landwirtschaftsreform.»
«Blut und Boden...?»
«Überhaupt nicht. Das sind aufrechte Leute, die nichts mit Hitler zu tun haben wollen.»
«Und die ‹Nation›? Was wird aus ihr?»
«Sie werden die Redaktion übernehmen. Ich habe Sie beobachtet. Ihre Beiträge sind gut und haben eingeschlagen. Wenn Sie Ihr Temperament etwas zügeln, werden Sie das Blatt bald aus den roten Zahlen holen.»
«Und was sagt der Vorstand der Verlagsgenossenschaft dazu?»
«Das habe ich alles abgeklärt. Man ist noch so gerne einverstanden. Die Leute legten bisher schwer Geld drauf. Seit Sie für uns schreiben, steigt die Auflage.»
Mir gefiel das Ganze und gefiel mir doch nicht. «Das geht doch nicht», sagte ich, «wir haben doch Dr. Etienne Schnöller im Impressum. Er ist älter, länger dabei und viel erfahrener als ich.»
«Machen Sie sich keine Sorgen. Er mag Sie, und übrigens ist er vollauf mit dem Pressedienst beschäftigt. Er hat gar keine Zeit für die Redaktion der Zeitung. Er wird Ihnen aber kollegial beistehen. Zügeln Sie nur Ihren Ehrgeiz, und verlangen Sie nicht gleich die Erwähnung im Impressum. Das wäre bei Ihrem Namen auch gar nicht opportun.»
Dieser Name! Ich trug damals noch meinen bürgerlichen Taufnamen Hirsch. Es war der ehrliche Name meines Vaters und meiner Vorfahren, die seit dem 16. Jahrhun-

dert in Bayern einen Hof mit dem Namen «Hirschenöd» bewirtschafteten. Ein Bruder meines Vaters war – zur Schande und zum Missbehagen der Familie – ein prominenter Nazi geworden. Mein Vater verbot ihm, uns je in der Schweiz zu besuchen.

Meinem Vater verdanke ich so ziemlich alles, was brauchbar ist an mir: die Liebe zur Kunst, zur Musik und zum Schreiben. Doch mein Vater war nicht glücklich über das, was ich schrieb. Mein leidenschaftliches Interesse an der Politik, die er als Hure bezeichnete, missfiel ihm sehr. In vielen bewegten Briefen bat er mich, davon abzulassen und zu meinem Beruf eines ausgebildeten Kaufmanns zurückzukehren. Die Politik werde mir nur Unglück bringen. Wie recht er hatte; doch meine Vorbilder waren Upton Sinclair, Jack London, Egon Erwin Kisch. Ich musste meinen Vater tief enttäuschen...

In der Schweiz gab es damals drei nicht jüdische Familien mit dem Namen Hirsch. Einen Polizisten, einen Lehrer und wir. Es ging ihnen nicht besser als uns: immer wieder wurden sie als Juden verdächtigt. Ausserdem lebten mehrere andere «Hirsche», die Juden waren, in der Schweiz. Wissenschaftler, Anwälte und Ärzte. Aber die schrieben nicht, hielten sich still und lebten so zurückgezogen wie möglich.

Es war völlig klar, was Dr. Graf meinte, als er so deutlich auf meinen Namen anspielte. Die Fröntler und Nazis in der Schweiz würden meinen Namen sofort gegen mich und die «Nation» ausspielen und sie als «Judenblatt» bezeichnen. Der Antisemitismus gedieh auch hierzulande.

«Ich bin stockkatholisch erzogen worden», entgegnete ich.

«Tut nichts», sagte Graf, «wenn es den Nazis von Nutzen ist, wird der Jude verbrannt, auch wenn er ein Christ ist. Schreiben Sie weiter unter Pseudonym. Sie haben sich mit dem Peter Surava bereits einen Namen gemacht. Bleiben Sie dabei!»

Surava ist ein Dorf in Graubünden. Im Weltatlas ist «Surava» zwar zu finden, jedoch nicht für das Dörfchen in den Bergen, sondern für einen Berg im Himalaja. Doch der Name des Dorfes Surava wurde mein Schicksal. Ich erblickte ihn zum ersten Mal, als ich von Tiefencastel zur Skilehrerprüfung mit der Bahn nach Davos fuhr. Mit Malen und Kurzgeschichtenschreiben war keine Familie zu ernähren. Die Skischule Valbella brauchte dringend einen Lehrer, der Englisch sprach. Also trainieren und das Brevet als Skiinstruktor machen!
Was ich dann mit meinen Skischülern erlebte, ist im «Tagebuch eines Skilehrers» zu lesen, das Oprecht unter dem Pseudonym Peter Surava verlegte. Sofort brachte die «Weltwoche» einen Abdruck von einer ganzen Seite, die Leute amüsierten sich, und der Name setzte sich durch.

Den eigentlichen Grund seines Weggangs von der «Nation» erzählte mir Dr. Graf später bei einer Flasche Wein in der «Reblaus».
«Ich bein kein Held», sagte er, «zum Märtyrer fehlt mir jede Lust und Begabung.
Sie können über mich denken, was Sie wollen, aber ich habe einfach Angst. Ich fürchte mich schrecklich vor Gewalt und Folter. Haben Sie gelesen, was Goebbels mit den widerspenstigen Kuhschweizer-Journalisten vor hat? KZ und ab nach Sibirien. Wer's überlebt.»
«Aber wir haben doch eine Armee», sagte ich.
«Sie machen doch Dienst», fragte er.
«Ja, ich kann sogar mit einer 34-mm-Kanone schiessen.»
«Dann wissen Sie ja Bescheid», meinte er trocken.
Ja, ich wusste Bescheid. Ich war bei jener Truppe, die versuchen sollte, im Ernstfall die Deutschen an der Grenze aufzuhalten.
Später erfuhren wir dann, wie gut situierte und gut informierte Familien sich mit ihren schwer beladenen

Wagen in die sicheren Täler der Innerschweiz – in den vermeintlichen Schutz des Réduits – absetzten.

Ohne mich weiter zu besinnen, aber nicht ohne Herzklopfen, übernahm ich die Leitung der «Nation». Bevor ich mein Büro einrichtete, hatte ich mit meinem Kollegen Dr. Etienne Schnöller eine lange Unterredung. Als Mann von hoher Bildung wurde er mir zu einem kameradschaftlichen und fairen Lehrmeister, einem wahren Freund, der mich manchmal zurückpfiff, wenn ich übermütig wurde. Ihm verdanke ich die Liebe zur Druckerschwärze, zur Faszination der Sprache und zur schöpferischen Neugierde. Die Zeitung wurde mir nicht zum Beruf, sondern zur Leidenschaft. Arbeit war Lust, Lust war Arbeit.

In kurzer Zeit kletterte die kleine Auflage von etwa 8000 auf 100 000. Die Geldgeber waren zufrieden. Statt jährliche Defizite von rund 50 000 Franken abzudecken, kassierten sie bald einmal denselben Betrag als Gewinn.

Und diese Zeitung sollte ich durch ungetreue Geschäftsführung geschädigt haben?

«Das wird das Gericht beurteilen», sagte der Untersuchungsrichter, als er zurückkam. «Ich kann Ihre Empörung verstehen, doch hören Sie die Tatsachen. Wir beginnen jetzt mit der Befragung.»

«Erinnern Sie sich an einen Vertrag, den Sie als Redakor der ‹Nation› mit Adolf Mauch, dem Inhaber der Vertriebsorganisation der Zürcher Strassenverkäufer, abgeschlossen haben?

Wann war das?»

«Natürlich erinnere ich mich an den Vertrag. An das Datum kann ich mich nicht erinnern.»

«Ungefähr.»

«Ich denke, etwa ein halbes Jahr, bevor ich die ‹Nation› verliess. Warum fragen Sie? Können wir dieses Spiel nicht abbrechen? Sie haben doch den Vertrag sicher bei den Akten.»

«Richtig. Aber dieser Vertrag war nach Ihrem Weggang nicht in Ihrer Registratur bei der ‹Nation›.»
«Woher haben Sie ihn denn?»
«Das ist eine mysteriöse Geschichte. Ein Angestellter der ‹Nation› behauptet, er hätte am Tage Ihres Austritts das Pult gründlich ausgeräumt und keinen Vertrag gefunden.»
«Ich verstehe überhaupt nichts.»
«Viel später erst, als der Zürcher Zeitungsvertrieb auf die Einhaltung des Vertrags drängte, tauchte er in Ihrem Pult auf.»
«Wie ist er denn plötzlich dorthin gekommen? Ich kann es Ihnen sagen: Da ist doch etwas bodenfaul. Der Vertrag war immer in meinem Pult. Der Rest ist Konstruktion.»
«Der Anwalt der ‹Nation› behauptet, Sie hätten den erst nach Ihrem Ausscheiden geschriebenen Vertrag durch einen Einbruch in ihr altes Büro schmuggeln lassen.»
«Durch wen? Wurde ein Polizeirapport über aufgebrochene Fenster oder Türen gemacht?»
«Nein, eine Anzeige wurde nicht erstattet.»
«Dann können wir dieses Ammenmärchen wohl vergessen.»
Er sagte nichts, fuhr aber sofort weiter.
«Es gibt aber ein Gutachten über die Unterschriften auf dem Vertrag. Die wissenschaftliche Untersuchung kommt zum Schluss, dass die Signaturen viel jünger seien als das Datum.»
«Wieviel jünger?»
«Sie wurden erst nach Ihrem Austritt gemacht.»
«Und dafür wird ein Einbruch erfunden! Das ist doch absurd. Soll ich Fassaden erklettern, wo ich doch den Vertrag ein halbes Jahr vorher, als ich noch in Amt und Würden war, in meinem Pult abgelegt habe.»
«Das möchten wir eben gerne erfahren! Es gibt da übrigens noch ein weiteres Gutachten über die Schreibmaschine, auf der dieser Vertrag geschrieben wurde.»

«Das wächst sich ja zu einem richtigen Krimi aus.»
«Darauf kommen wir später zurück.»
In diesem Augenblick wurde ich misstrauisch. Hier wurde versucht, mich mit allen, auch mit den miesesten Mitteln zu Fall zu bringen. Ein Netz wurde ausgelegt, in das ich mich hoffnungslos verstricken sollte. Wir hatten in meinem Büro zwei identische Hermes-Portable-Maschinen. Meine eigene stand auf meinem Pult; die andere benützte mehrheitlich meine Sekretärin. Ihr hatte ich seinerzeit den Vertrag in die Maschine diktiert. Wenn ich nun zufällig beim Weggang ihre Maschine mitgenommen hätte, wäre dies ein Indiz, dass ich den Vertrag theoretisch nach meinem Weggang noch auf dieser Maschine hätte schreiben können. Zwar kein ausreichendes Beweismittel, aber war es nicht so, dass hier überhaupt nicht mit Tatsachen, sondern ausschliesslich mit Vermutungen, Spekulationen und Verdächtigungen gearbeitet wurde? Unvermittelt fragte ich den Untersuchungsrichter:
«Wie lange wollen Sie mich eigentlich noch hier behalten? Ich möchte gelegentlich nach Hause.»
«Ich kann Sie heute nicht nach Hause lassen. Sie übernachten im Lohnhof, schon wegen der Verdunklungsgefahr.»
«Also unbeschränkte U-Haft?»
«Ja. Vielleicht muss ich Sie nach Bern überführen lassen.»
Nun konnte ich die letzten Zweifel fallen lassen. Das war kein normales Verfahren, hier war eine wohldurchdachte Vernichtungsaktion angelaufen: Die Unschädlichmachung eines unbequemen Journalisten, dem mit den landesüblichen Angriffen und Verleumdungen nicht beizukommen war.
Ich erinnerte mich unwillkürlich an den Ausspruch Bundesrat von Steigers, den ich wegen seiner unbarmherzigen Haltung den Flüchtlingen gegenüber oft heftig attackiert hatte. Er war es, der mitverantwortlich war, dass durch die hartherzige Flüchtlingspolitik des Bundesrates unzählige, sich in höchster Todesnot befindliche Frauen, Männer und

Kinder den Mordkommandos der SS in die Fänge gerieten. Wie gross die Zahl derer ist, die nachher in den Vernichtungslagern vergast wurden, kann nicht mehr bestimmt werden. Er war es auch, der darauf drängte, dass die Pässe der Juden, die bei uns aufgenommen wurden, mit einem fetten Buchstaben J gestempelt wurden, was ich für einen schlimmeren Landesverrat hielt als die aufgebauschten Verrätereien einiger Einfältiger, die erschossen wurden. Aus seiner nächsten Umgebung wurde mir berichtet, er habe in einem Gespräch über die Presse gesagt: «Den Surava können wir politisch nicht packen. Man muss ihn über das Strafrecht erledigen.»
Erledigen, liquidieren, ausrotten – diese Worte, die wir heute nur noch mit grossen Hemmungen brauchen, waren bei den versteckten Antisemiten gang und gäbe.
Was da alles wie ein schneller Film durch meinen Kopf lief, wurde durch die Frage des Untersuchungsbeamten unterbrochen:
«Haben Sie noch einen Wunsch?»
«Sicher. Wenn Sie mich nach Bern schleppen wollen, muss ich noch mit meiner Frau sprechen und etwas Wäsche und Toilettensachen haben.»
«Rufen Sie an.»
Als meine Frau eine Stunde später bleich und tief verunsichert auf einem Stuhl neben mir sass (der Untersuchungsrichter blieb im Zimmer), musste ich ihr eine verschlüsselte Botschaft mitgeben, die noch unklar in meinem Kopf herumgeisterte. Wir sprachen über die Kinder, über unsere Nachbarn, die sich rührend um uns kümmerten. Über die Anklage durfte nicht gesprochen werden. Mitten in einem unwesentlichen Satz, sagte ich: «Ach ja, Du kannst nun das gemietete Klavier wieder abholen lassen. Ich werde in der nächsten Zeit kaum zum Musizieren kommen.» Ihre dunklen Augen öffneten sich etwas mehr, und sie blickte mich verständnislos an, sagte aber gelassen: «Ich werde mich darum kümmern.»

Später, als ich aus der Haft entlassen worden war, erzählte sie mir, dass sie eine schlaflose Nacht verbracht habe, um hinter den Sinn meiner Worte zu kommen. Was sollte das «Klavier»? Wir hatten ja keines! Dann nahm sie ein Blatt Papier und zeichnete ein Klavier: den Unterbau, die Pedale, den Aufbau mit Deckel und Notenständer, die Kerzenhalter, die Tasten... die Tasten? Das war es: die Schreibmaschine!

In der Nacht fiel nicht ganz zufällig eine Hermes Media von der Eisenbahnbrücke in den Rhein. Dort rostet sie in völliger Unschuld vor sich hin. Sie wäre sicher kein rechtskräftiges Indiz gewesen, auch wenn der umstrittene Vertrag auf ihr geschrieben worden wäre (was man durch vergrösserte Typenvergleiche leicht feststellen kann), aber ich war übervorsichtig geworden und wollte auch keinen Bindfaden zum Strick beisteuern, an dem ich hängen sollte.

Die Vertrags-Maschine wurde später gefunden. Sie befand sich immer noch in den Büros der «Nation». Es wäre mir also gar nicht möglich gewesen, den Vertrag nach meinem Weggang auf ihr zu schreiben.

Das aber half mir später vor Gericht nicht viel. Mein Beweisantrag wurde überhört. Zynisch erklärte der Gegenanwalt, ich hätte ja auch eine Mitarbeiterin oder einen Mitarbeiter bestechen können, um den Vertrag dort schreiben und deponieren zu lassen.

Der Untersuchungsrichter sagte: «Wir machen jetzt Schluss.» Er drückte eine Glocke und sagte dem Beamten: «Bringen Sie Herrn Surava in eine Zelle.»

«Und wie halten Sie es mit dem Verbrecheralbum? Keine Fotos? Keine Fingerabdrücke? Das ist doch üblich.»

«Das lassen wir.»

Ich bedankte mich, denn noch nie hatte ich meine Finger auf ein polizeiliches Stempelkissen drücken müssen. Allzuweit wollten sie die Demütigung doch nicht treiben.

Der Wärter führte mich durch ein Labyrinth von Gängen und Treppen ins Haftgebäude.

«Sie werden mich doch nicht in die Mittelalter-Zellen bringen?»
«Doch, ich muss – eh – es ist nichts anderes frei.»
«Das ist ein Skandal! Bin ich ein Mörder oder was?»
«Beruhigen Sie sich. Am besten schicken Sie sich darein. Ich bringe Ihnen gleich das Essen. Wienerli und Kartoffelsalat.»
«Und ein grosses Bier», schrie ich, ausser mir vor Wut.
Er sagte nichts und schmetterte die Eisentüre ins Schloss.
Wer nie in einem jahrhundertealten feuchten Kerker sass, in den nur ein Schimmer Tageslicht durch ein winziges, in drei Metern Höhe angebrachtes, mit dicken Eisenstäben gesichertes Fensterchen fällt, kann kaum ermessen, was das bedeutet. Eine Schüssel Wasser, ein stinkender Holzkübel und eine rostige Pritsche mit einer muffigen Decke.
Gedämpft drang der Strassenverkehr der Stadt durch die dicken Mauern. Wie viele arme Teufel, Gauner, Diebe, Mörder, Schuldige und Unschuldige haben hier Gesundheit und Lebensmut verloren? Es roch buchstäblich nach Blut, Urin und Scheisse. Tränen bleiben geruchlos. Die Mauern waren feucht. Es fehlten nur die Ratten. An der Decke, unerreichbar hoch, brannte eine 25-Watt-Lampe, die den dunklen Raum gespenstisch beleuchtete.
Ich würgte die Würstchen hinunter, trank etwas Wasser und verfiel in einen Zustand, den ich heute kaum mehr beschreiben kann. Mir war, als ob der Blutstrom, der das Herz durchfloss, plötzlich versiegt wäre, als ob Herz und Hirn am Ende ihrer begrenzten Existenz angelangt seien. Eine eisige Kälte ergriff von meinem Körper Besitz, doch ich nahm wahr, wie meine Gedanken auf zwei verschiedenen Geleisen weiterarbeiteten. Meine Lippen formten Worte des Vertrauens und der Zuversicht. Ich erinnerte mich an Marc Aurel und seinen Rat, sich nicht von der Zukunft beunruhigen zu lassen. War ich nicht bisher mit den Hindernissen und Anfechtungen des Lebens fertig geworden? Verfügte ich nicht immer noch über denselben

Verstand wie früher? Also musste es mir gelingen, auch den neuen Schwierigkeiten zu begegnen. Ich hörte meine eigene Stimme sagen: «Das wäre ja gelacht», doch die Gedanken auf dem zweiten Geleise kamen aus einer Welt unermesslicher Kälte. Aus ihr vernahm ich eine hallende, fremde Stimme, die mir sagte: «Diesmal ist es soweit. Diesmal wirst du ihnen nicht entrinnen. Nichts wird dir erspart bleiben. Du wirst nie mehr der sein, der du warst.»

Ich erkannte, dass ich an einem Abgrund angelangt war. Doch in Sekundenschnelle verflog der Spuk, und ich hörte meine eigene Stimme, die laut und deutlich sagte: «Nein, so nicht.» Das Herz hatte seinen ruhigen Schlag wiedergefunden, die heftigen Ausschläge, die Aussetzer und die Extrasystolen hatten aufgehört, doch ich wusste, dass mich diese grosse Warnung, wie ich sie später bezeichnete, bis zu meinem Tod begleiten würde. Das war der Stoff, aus dem Rhythmusstörungen und chronische Schlaflosigkeit gemacht wurden.

Vielleicht betete ich in dieser Nacht, vielleicht flehte ich um Gnade, vielleicht hatte ich Mordgelüste, ich weiss es nicht mehr. Ich erbrach den Schlangenfrass, wusch mir das Gesicht und warf mich auf die Pritsche. Ich durchlebte die Phasen, die Kübler-Ross bei Krebskranken beschreibt, welche erfahren, dass sie sterben müssen: Zuerst die ohnmächtige Wut, die Rebellion gegen das Schicksal. Warum gerade ich? Dann die abgrundtiefe Depression und schliesslich – nach dem Gang durch die Hölle – das Annehmen der Krankheit und des sich nahenden Todes.

Stets hatte ich mich in den Höhen und Tiefen des Lebens an den Wahlspruch «Vitam amare, mortem non timere» gehalten. Ich beschloss, ihn zur Maxime für die kommenden Prüfungen zu erheben.

Gegen den frühen Morgen sammelten sich die zerschlagenen Bestandteile meines Körpers und meiner Seele. Ich platschte mir Wasser ins Gesicht, spülte den Mund mit dem abgestandenen Wasser, holte tief Atem und beschloss, mich zur Wehr zu setzen. Sie hatten es geschafft: Die Unschädlichmachung war angelaufen.

«Fragen Sie nicht, ob ich gut geschlafen habe», sagte ich grimmig, als ich dem Untersuchungsrichter erneut vorgeführt wurde. «Aber Sie dürfen mir glauben, wenn ich heute nicht in eine saubere neue Zelle verlegt werde, wird etwas geschehen.»
«Wollen Sie drohen?»
«Ach was, ich drohe nicht. Aber ich kann auch aus dem Gefängnis heraus heute Abend eine Demonstration vor dem Lohnhof auffahren lassen, die sich gewaschen hat.»
«Sie bekommen die Zelle. Wir machen nun weiter. Im Vertrag mit Mauch wurde der Verkaufspreis der ‹Nation› auf 35 Rappen festgelegt. Ist das nicht viel zu hoch? Ähnliche Zeitungen kosten 5 oder 10 Rappen weniger.»
«Erlauben Sie mir eine Frage? Wenn ein Bauer seine Eier einige Rappen teurer verkauft, steht es doch in seinem Ermessen, den Preis zu bestimmen. Vielleicht hat er frischere und grössere Eier, und die Leute haben nichts dagegen, etwas mehr dafür zu zahlen.»
«Das ist doch etwas ganz anderes!»
«Ist es nicht. Wir leben in der sogenannt freien Wirtschaft, oder? Dazu kommt, dass ich bei der ‹Nation› nicht nur Redaktor, sondern auch Verlagsleiter war. Ich war allein verantwortlich für die finanziellen Dinge, und ich wollte heraus aus den roten Zahlen. Unsere Haupteinnahmen kamen von den freien Zeitungsverkäufern auf den Strassen der grossen Städte. Also erhöhte ich den kleinen Gewinn, den die Zeitungsverkäufer erzielten, die mit ihrem Einsatz die Zeitung aus der Verlustphase herausholten. Jeder verantwortliche Kaufmann würde so handeln. Tatsächlich stieg die Auflage rapid an. Wir kamen in die Gewinnzone.»

«Schön, doch die Kläger sind da ganz anderer Meinung. Der Gegenanwalt hat ein Gutachten vorgelegt, woraus hervorgeht, dass durch Ihre Preispolitik der ‹Nation› ein Schaden von über 55 000 Franken entstanden sei.»
«Ein Privatgutachten?»
«Ja, natürlich.»
«Was heisst hier natürlich? Da wäre höchstens der Zeitungsverlegerverband zuständig. Es ist mir rätselhaft, dass jemand so vernagelt sein kann, einen höheren Gewinn, eine Auflagesteigerung und vermehrte Inserateinnahmen in einen ‹Schaden› umzumünzen.»
«Das sagen Sie! Die Kläger rechnen anders. Wenn Sie den Zeitungsverkäufern keine zusätzlichen 10 Rappen pro Ausgabe gegeben hätten, wäre dieses Geld der ‹Nation› verblieben.»
«Aber Herr Doktor, Sie sind Jurist. Das ist doch ein grauenhafter handelspolitischer Unsinn. Dann wäre ja auch die Auflage nicht gestiegen, und die ‹Nation› wäre weiter in den roten Zahlen geblieben.»
«Das muss das Gericht entscheiden.»
«Ist das alles?»
«Nicht ganz. Den Rest erfahren Sie in Bern. Haben Sie einen Anwalt?»
«Brauche ich einen? Die Sache ist so absurd, dass ich selber damit fertig werde. Schliesslich bin ich vor Obergericht gegen die Landesverräter, die mich wegen Verleumdung einklagten, auch ohne Anwalt ausgekommen.»
«Trotzdem. Wenn ich Ihnen raten darf, nehmen Sie einen guten Anwalt. Wir fahren morgen nach Bern. Die Untersuchungshaft wird verlängert.»
Den Abend verbrachte ich eher gut gelaunt in einer sauberen hellen Zelle im Neubau. Menschenwürdig ausgestattet. Ein anderer Wärter brachte mir das Essen: Würstli und Kartoffelsalat. – Schon wieder? Er war ein freundlicher Mann, und ich vermeinte, sein Gesicht schon an einer Parteiversammlung gesehen zu haben.

Er sagte: «Essen Sie! Die Würste sind gut. Wir bekommen sie auch. Und Sie werden viel Kraft brauchen. Ich bringe Ihnen noch ein Paar... Genosse.»
«Ich bin kein Genosse.»
«Aber Sie sind doch in der Partei?»
«Eben nicht. Ich mache der PdA zwar eine profimässige Zeitung, aber ich bin kein Genosse.»
«Ist das nicht schizophren?»
«Solange ich persönlich frei schreiben kann – und das wurde mir zugesichert – komme ich mit mir zurecht. In allen Berufen gibt es Spezialisten. Mich interessiert die Parteipolitik nicht. Sie haben mir die Aussenpolitik, die Sozialpolitik und die Kultur überlassen.»
«Trotzdem kann ich Ihnen keinen guten Brief schreiben. Eines Tages werden Sie die Genossen fallen lassen. Die alten, jetzt zurückgebundenen Stalinisten werden wieder aus ihren Löchern hervorkriechen, und der Mohr kann gehen. Wo wollen Sie nachher noch etwas publizieren, Herr Surava?» Er betonte den «Herr».
Noch ahnte ich nicht, wie recht er hatte. Er war zwar in der Partei, aber er hatte sich einen klaren Kopf bewahrt.

«Sind Sie bewaffnet?» fragte ich den Detektiv in Zivil, der mich im Drittklasswagen der SBB nach Bern begleitete.
«Natürlich», sagte er, «aber Sie werden mir doch keinen Mist bauen. Handschellen habe ich auch, aber ich traue Ihnen.»
«Das können Sie», sagte ich.
Es war eine wortgeizige Fahrt, und als er mich im Amtsgefängnis hinter dem Bahnhof Bern ablieferte, gab er mir die Hand und sagte: «Viel Glück.»
Ich spürte eine Welle der Sympathie und der Anteilnahme, die mich während der ganzen Untersuchungshaft

durch alle Tiefen der Demütigung begleitete. Ich wusste, wer meine Feinde waren: ein Klüngel mächtiger, einflussreicher Leute, denen ich in die Quere gekommen war und an deren biedermännischer Maske ich so sehr herumgekratzt hatte, dass einige das Gesicht verloren.
Doch sie waren an den Fingern abzuzählen. Die Freunde blieben nicht stumm. Sie konnten mir zwar nicht helfen, aber die Zeugnisse ihrer Haltung, ihre Briefe, ihre Karten, ihre Telegramme und die nicht enden wollende Zusendung von Fresspaketen, waren beispiellos. Heute, Jahrzehnte später, können sie sicher ihre Sympathiebezeugungen in ihren Fichen – den Geheimdossiers der Bundespolizei – nachlesen. Der Postberg in einer Ecke meiner Zelle wuchs und wuchs; es verbreitete sich der appetitanregende Duft eines Spezereiladens. Täglich konnten die Wärter Arme voller Pakete holen und an die anderen Häftlinge verteilen.
Der Wärter gab mir zu verstehen, dass «der Frass hier nicht besonders» sei. Er könne mir aber aus dem Hotel Wächter über der Strasse täglich eine gute Mahlzeit beschaffen. Das liess ich mir nicht entgehen, denn niemand kann sich auf die Dauer von Kuchen ernähren. Einmal flüsterte er mir zu, wenn ich einen Brief unzensiert zur Post bringen wolle, mache er das. Konnte ich ihm trauen? Ich konnte, denn einmal sagte er ernst: «Ich weiss, was es heisst, Verdingbub zu sein.»
Ich schrieb einem Freund, der mich kurz darauf besuchte. «Nie wieder!» sagte er. «Der erste Brief kommt immer an. Trauen kannst Du niemandem.» Ich wusste, dass ich dem alten Wärter Unrecht tat, aber ich wollte nichts riskieren, was mich zusätzlich hätte belasten können.
Ich hatte gelernt, dass die Justiz nicht Recht ist und Recht nichts mit Justiz zu tun hat. Jetzt brauchte ich einen Anwalt. Er schrieb sofort ein Haftentlassungsgesuch, das, vom Untersuchungsrichter nach zehn Tagen befürwortet, vom amtierenden Staatsanwalt jedoch

prompt abgelehnt wurde. Unterschrift: Bähler. Es war jener Bähler, der mit der Berner Heimatbühne Gotthelf-Stücke aufführte, in denen er als Dorfpfarrer auftrat. In der gleichen Gruppe spielte auch die Ehefrau jenes Magistraten, den ich mehrmals wegen seiner herzlosen Flüchtlingspolitik heftig angegriffen hatte. Bähler war der Grossrichter, der das skandalös milde Urteil gegen den Schweizer Nazi Gaugler in Solothurn erlassen hatte, das zu einer aufsehenerregenden Protestversammlung des Unteroffiziervereins führte. Vielleicht wäre Dr. Bähler auch mit mir milder verfahren, wenn ich kein überzeugter Antinazi, sondern wie Gaugler ein Schweizer in SS-Uniform gewesen wäre.

Ein Besucher freute mich besonders: Der Reiterschriftsteller Hans Schwarz, ein liebenswerter, äusserst mutiger und aufrechter Patriot. Vor dem Untersuchungsrichter sagte er im urchigsten Berndeutsch: «Lass di vo dene Sieche nu nid vertschaupe, Peter. Wehr di! Wirsch wou wüsse, was z'tüe hesch.»

Ein anderer, auf dessen Freundschaft ich stolz bin, schrieb mir: «Sie zahlen jetzt für die Verdingkinderschänder, die Sie vor Gericht und ins Gefängnis brachten. Das war zu Gotthelfs Zeiten nicht anders.» Es war C.A. Loosli, mit dem mich offenbar über die Generationen hinweg ein gemeinsames Schicksal verband. Auch er wurde verfemt und verachtet, weil er sich für die Ärmsten der Armen eingesetzt hatte.

Die täglichen stundenlangen Verhöre beeindruckten mich nicht mehr. Was mich aber manchmal fast umwarf, waren der Ideenreichtum, die Bauernschläue und die Erfindungsgabe, mit denen meine Ankläger am Netz webten, in das ich mich verheddern sollte. Da ich aber ein gutes Gewissen hatte, blieb ich ruhig.

Eine Dusche und einige Schritte an der frischen Luft vermisste ich sehr, doch das wurde mir während drei Wochen gesetzwidrig verweigert.

Mein Basler Arzt, der mich einmal besuchte, sagte: «Man will sie eben nicht nur psychisch, sondern auch physisch fertig machen.»
«Mässigen Sie sich, Herr Doktor», sagte der Untersuchungsrichter.

Je tiefer ich in die Materie der Anklage eindrang, umso besser fühlte ich mich. Die Altersbestimmung der Unterschriften auf dem als gefälscht bezeichneten Vertrag erwies sich als ein von der «Nation» bestelltes Privatgutachten, die Einbruchgeschichte als ein unbeweisbares Greuelmärchen. Die komplizierten Gutachten der Schreibmaschinentypen waren ein Schlag ins Wasser. Die Festsetzung des Verkaufspreises der Zeitung lag ganz in meinem Ermessen. Alle die vergangenen Jahre hatten die Revisoren meine Jahresrechnungen geprüft und mir Décharge und Anerkennung erteilt. Der neue Verlagsleiter, der frühere Landbote-Redaktor Hermann Allemann, reiste, nachdem er die Geschäftsleitung übernommen hatte, gerne nach Zürich, um von der Vertriebsstelle das eingegangene Geld zu kassieren und sich vom Vertriebsleiter Mauch in der «Academia» fürstlich bewirten zu lassen. Wie hatte Allemann mich inständig gebeten, ihn nach Bern an die «Nation» zu berufen, ich sei ja durch die Redaktion schon genug belastet und für ihn wäre das ein nettes Alterspöstchen. Wie konnte ich wissen, dass er wenig später den Dolch aus dem Gewande ziehen würde.

Mauch, das erfuhr ich in der Untersuchungshaft erst nach einer Woche, befand sich im gleichen Gefängnis in einer Dreierzelle mit gewöhnlichen Kriminellen. Er, ein einfacher, unbescholtener Mann, brach fast zusammen unter den ihm völlig unverständlichen Anschuldigungen. Man hatte ihn behandelt wie einen Verbrecher. Er wurde photographiert, man nahm ihm die Fingerabdrücke, was man bei mir nicht gewagt hatte. Die Jäger wussten, was sie taten, als sie den kleinen Zeitungsverkäufer in die Enge trieben und ihm Fallstricke auslegten, an denen sie hofften, mich aufhängen zu können. Doch nicht der geringste Widerspruch ergab sich aus unseren Aussagen. Kein Register blieb ungezogen. Alles erschien mir zu durchsichtig, zu unglaubwürdig und zu naiv. Der Naive aber war ich. Noch glaubte ich an den Ehrenstand eines Richters. Your honour.

CHOR DER AUGUREN

Es läuft ab wie ein Film, wir haben ihn soweit. Er weiss es nur noch nicht, aber er ist bereits verloren. Schon der Rufmord durch die Presse genügt. Da hiess es doch kürzlich, Surava habe die «Nation» um 50 000 Franken geschädigt. Das tönt doch genau so, als ob er dieses Geld in die eigene Tasche gesteckt hätte. Wer weiss, wie lange es geht, bis der Fall vor Gericht kommt. Man muss dafür sorgen, dass er möglichst lange hinausgeschoben wird. Wegen Arbeitsüberlastung der Gerichte. Das klingt gut. Inzwischen wird er ausgehungert. Als Journalist will ihn niemand mehr, was ja auch Zweck der Übung ist. Früher hat man solche Burschen gehängt. Heute geht's eleganter. Sicher ist ein Prozessausgang allerdings nie. Es müssten nur zwei Sozi im Gericht sitzen – wer weiss? Man muss noch einen Schritt weitergehen. Es gibt einiges, aber nichts Ehrenrühriges. Finger davon! Wer im Glaushaus sitzt... Er weiss zuviel. Man muss seine Identität zerstören. Es war eine gewaltige Kalberei, dass ihm der Zürcher Regierungsrat erlaubte, den Namen Hirsch in Surava zu ändern. Das haben wir Zellweger zu verdanken. Er hat die Namensänderung durchgepeitscht. Und dieser Witz: Der ehemalige SBB-Stationsvorstand und Regierungsrat Kägi wusste nicht einmal, dass es eine Gemeinde Surava gibt. Wie wäre es, wenn jemand nach Surava fahren und der Gemeinde einen guten Anwalt anbieten würde – kostenlos natürlich. Bis vor Bundesgericht. Ohne den Namen Surava ist er erledigt.

Tiefschlag Nummer 1

Die Gemeinde klagte zuerst beim Bezirksgericht Zürich. Dieses, aus politischen Gründen ohnehin schlecht zu sprechen auf den Regierungsrat, verbot mir prompt die weitere Führung meines Namens. Vor Obergericht erlitt die Gemeinde Surava eine peinliche Abfuhr.
Dessen Urteil vom 19. September 1945 lässt denn auch nichts an Deutlichkeit zu wünschen übrig. Wohlbegründet wird die Klage der Gemeinde Surava abgewiesen. Doch damit sollte dieser Schildbürgerstreich noch nicht sein Ende haben. In der Presse hub ein grosses Kesseltreiben an, das man nur als einen massiven Beeinflussungsversuch der höchsten Instanz, des Bundesgerichtes, bezeichnen kann. Gewisse Blätter scheuten sich nicht, einzelne Richter des Zürcher Obergerichtes persönlich zu verunglimpfen. So schrieb das katholische Zürcher Blatt «Neue Zürcher Nachrichten», dass Oberrichter Gurny «auch ein Nürnberger» sei. Es ist bezeichnend für die Gewissenlosigkeit und den Tiefstand staatsbürgerlicher und moralischer Sitten, wenn eine christlich sein wollende Zeitung auf diese Ebene des billigsten Antisemitismus hinuntersteigt. Das Blatt entschuldigte die oben zitierte Äusserung später mit einem «Druckfehler», indem der Setzer anstatt «Neubürger» das Wort «Nürnberger» gesetzt habe!
Der Antisemitismus in der Schweiz gedieh schon vor der Machtergreifung Hitlers, jedoch eher im stillen und jedenfalls unter Ausschluss einer breiten Öffentlichkeit. Golo

Mann gab dazu eine eher blauäugige Erklärung ab, als er schrieb: «Wenn Antisemitismus sein muss (!), dann ist der Antisemitismus schweizerischer Art wohl der erträglichste, zivilisierteste. Nun, in der Schweiz hat eben alles eine menschliche Dimension.»
Diese Art Menschlichkeit bedeutete aber für viele Diffamierung, Ausgestossensein und seelische Belastung. Durch die Jahre ab 1933 zog sich ein schleichender Antisemitismus, der verschiedene Gesichter hatte. Der frühere Generalstabschef der Armee, Oberstdivisionär Sonderegger, propagierte sein Buch «Ordnung im Staat» und hielt bei den Frontisten antisemitische Vorträge.
Im Jahre 1934 begannen die systematischen Überfälle auf jüdische Passanten und Betlokale. Es erschienen Plakate, Aufkleber und sogar Inserate, die zum Boykott jüdischer Geschäfte aufriefen. Trotz massiver Morddrohungen gegen jüdische Mitbürger erklärte sich der Bundesrat ausserstande, zum Schutz der Juden Massnahmen zu ergreifen. Ja selbst der Ungeist der «entarteten Kunst», den Goebbels propagierte, fand Eingang in das kulturelle Leben der Schweiz. Wer erinnert sich heute noch daran, dass die Kunsthalle Bern 1936 anlässlich der Ausstellung «Deutsche Malerei des 19. Jahrhunderts» die Bilder des Juden Max Liebermann auf deutsches Verlangen entfernen liess? Im gleichen Jahr verpflichtete das Eidgenössische Justiz- und Polizeidepartement die kantonalen Zivilstandsämter zur Verwendung von Formularen, auf denen die nichtjüdische Herkunft der Bürger bescheinigt werden musste. Es gab Petarden- und Tränengasanschläge an der Zürcher Löwenstrasse gegen jüdische Warenhäuser, Hakenkreuzschmierereien an Synagogen, und schliesslich kam es zum diffamierenden «Judenstempel»; die Pässe «nichtarischer» Reichsdeutscher wurden auf Verfügung unserer Regierung mit einem «J» versehen.
Sogar Schweizer wurden vom Judenstempel nicht verschont, bezeichnete doch die Baselbieter Fremdenpolizei

den Ausweis einer mit einem deutschen Juden verheirateten Schweizerin mit dem «J»-Stempel. Sogar der Ungeist der Sippenhaft hatte die Schweizergrenze überschritten. Und wenn wir uns heute des bärtigen Rassenhassers Strebel aus der Urschweiz schämen, der bei seinem Fernsehauftritt eine schwarze Frau bespuckt, so sollten wir uns auch des Schweizer Arztes und Offiziers erinnern, der noch nach Kriegsende eine Israelitin tätlich angriff und ihr zurief: «Schade, dass Hitler nicht mehr da ist.»
Diese kurzen Streiflichter zeigen, dass Hochmut nicht am Platz ist. Das hat der Schriftsteller Max Schmid in seiner Dokumentation über den Antisemitismus in der Schweiz 1930-1980, «Schalom – wir werden euch töten» (Eco-Verlag Zürich), eindrücklich bewiesen. Immerhin wurde am 22. April 1942 der Viehhändler Arthur Bloch in Payerne auf dem Heimweg bestialisch verstümmelt und in den Neuenburgersee geworfen.
Am 31. August 1942 erklärte Bundesrat von Steiger zur Flüchtlingspolitik: «Es besteht auch die Möglichkeit, dass je nach der Entwicklung der Lage eine neue Emigrantenschicht entsteht, die nach unserer Auffassung des Asylrechts noch würdiger wäre.»
Es ist bemerkenswert, dass diese Erklärung, die nicht im Namen des Gesamtbundesrats abgegeben wurde, in der Wir-Form erfolgte, getreu dem Stil der Gnädigen Herren von Bern.
Unter dem Titel «Bitte deutlicher!» fragte ich in der «Nation»: «Wer wäre denn würdiger als Männer, Frauen und Kinder, die wir vor dem sicheren Tod bewahren können?» Nie hat von Steiger präzisiert, welche «neue Emigrantenschicht» er im Auge hatte, als ihm diese verräterische Äusserung entschlüpfte. Dachte er dabei an prominente Nazis oder an die Spitzen der Rüstungsindustrie, die Hitler in den Sattel geholfen hatten und Hunderttausende von ausländischen Frauen und Männern wie Sklaven für sich arbeiten liessen?

DIE UNSCHÄDLICHMACHUNG

Nach der erfolgreichen Verteidigung des Namens Surava vor dem Zürcher Obergericht sagte mir der Gegenanwalt unter vier Augen: «Sie können einem leid tun, doch ich tue nur meine Pflicht. Das alles ist politisch bedingt. Wir sehen uns wieder vor Bundesgericht. Dort werden Sie natürlich verlieren.»
Ich fragte: «Warum natürlich?»
«Eben darum», sagte er und fügte bei:
«Garantiert.»

CHOR DER AUGUREN

Es läuft wie geschmiert. Und nun kommt uns der «Zufall» noch zu Hilfe. Surava muss aus der Berner Untersuchungshaft vor Bundesgericht antreten. Ein Fressen für die Presse! Wenn es dann in Lausanne heisst: «Aus der Untersuchungshaft wird vorgeführt...» Sehr publikumswirksam. Und am Urteil ist ja nicht zu zweifeln.

Tatsächlich wurde mir in der zweiten Woche der Untersuchungshaft in Bern, am 23. Mai 1946, eröffnet, dass ich am nächsten Tag nach Lausanne überführt würde. Einen Tag später sei dann die Verhandlung vor Bundesgericht. Ein Polizeikommissär reiste mit mir nach Lausanne. Wir übernachteten im Doppelzimmer eines billigen Hotels. Der Polizist schlief den Schlaf des Gerechten und schnarchte kräftig vor sich hin. Seine Pistole lag durchgeladen auf dem Nachttisch. Alles schien schief zu laufen. Einen Augenblick dachte ich daran, mich zu erschiessen. Ich begann zu zweifeln, ob ich die seelische Belastung noch lange würde durchhalten können.

Während der langen schlaflosen Nacht wanderten meine Gedanken zurück ins erste Jahr meiner Redaktionstätigkeit bei der «Nation». Nachdem ich die Zeitung das erste halbe Jahr 1941 im Alleingang gemacht hatte, drängte ich gelegentlich auf die Zeichnungsberechtigung als verantwortlicher Redaktor. Mein Gerechtigkeitsgefühl sagte mir: Wenn ich schon die ganze Zeitung vom Manus bis zum Umbruch allein mache, will ich auch dazu stehen dürfen. Natürlich war auch eine Portion jugendlicher Ehrgeiz dabei. Noch hatte mich das Leben nicht gelehrt, dass warten können oft besser ist als handeln.

Ich suchte die graue Eminenz der Verlagsgenossenschaft auf. Prof. Dr. Max Weber, der spätere Bundesrat, residierte in den Büros des Schweizerischen Gewerkschaftsbundes an der Monbijoustr. 61, wo auch die «Nation» gedruckt wurde. Professor Weber schätzte ich sehr als integere, sachlich und rechtlich denkende Persönlichkeit. Ich trug ihm mein Anliegen vor, doch er lehnte, ohne sich zu besinnen, ab. Es wäre, so sagte er, nicht opportun (ein Wort, das bisher in meinem Sprachschatz keinen guten Platz einnahm), im jetzigen Zeitpunkt mit dem Namen Hirsch in der Zeitung zu erscheinen. «Sie kennen doch die Fröntler und Nazis in der Schweiz», sagte er. «Warum sollen wir ihnen Gelegenheit geben, die antisemitische Karte auszuspielen?»

Ich war ziemlich niedergeschlagen. Wohin würde es führen, wenn so untadelige Demokraten wie Max Weber anfingen, Rücksicht auf Antisemiten zu nehmen? Heute kann ich ihn wohl verstehen, denn er hatte als Politiker vollkommen recht. Da wurde nicht gefragt, ob einer Jude

oder Christ sei, es genügte, einen Namen zu tragen, der auch bei Juden zu finden war.
Dieses an sich unbedeutende Vorkommnis erzähle ich nur, weil es zeigt, wie tief das schleichende Gift des Antisemitismus bereits das Denken senkrechter und unbestechlicher Demokraten infiziert hatte.
Die Frage wurde auch im Vorstand der «Nation» besprochen. Der spätere Minister und Rechtsanwalt, Dr. Eduard Zellweger, schlug vor, das leidige Namensproblem durch eine offizielle Namensänderung aus der Welt zu schaffen. Es sei gar keine Frage, dass der Regierungsrat meines Heimatkantons Zürich einen Antrag auf Namensänderung von Hans Werner Hirsch in Peter Surava gutheissen würde. Das sei nicht unüblich, und es gebe übrigens in der Schweiz eine relativ grosse Anzahl Autoren, Künstler und Publizisten, die unter Pseudonym aufträten. Surava hätte sich durch seine langjährige und erfolgreiche publizistische Tätigkeit unter diesem Pseudonym einen vertretbaren Anspruch auf den Namen erworben.
Die Namensänderung ging ohne die geringsten Schwierigkeiten über die Bühne, und ich erhielt neue Papiere auf den Namen Peter Surava. Kein Hahn krähte danach. Erst viel später, als sich meine Feder zum Degen und manchmal zum Zweihänder verwandelte, ergaben sich verheerende Folgen.
Es kam, wie vom Gegenanwalt garantiert: Das Bundesgericht (anwesend die Bundesrichter Hablützel als Präsident, Strebel, Guex, Pometta und Ziegler) in Sachen Gemeinde Surava gegen Peter Surava entschied mit Urteil vom 24. Mai 1946:
«Die vom Regierungsrat des Kantons Zürich am 30. Oktober 1941 bewilligte Änderung des Namens Hans Werner Hirsch in Peter Surava wird mit Bezug auf den Familiennamen aufgehoben.»
Die Presse brachte mein Bild aus dem Prozessaal, und am Abend sass ich wieder im Untersuchungsgefängnis

Bern. Auf allen Papieren, Akten und Ausweisen wurde die mir vom Regierungsrat meines Heimatkantons gewährte Namensänderung rückgängig gemacht. Der Name Surava verschwand, und ich war wieder der «nach katholischem Ritus in der Kirche St. Peter und Paul zu Zürich getaufte Hans Werner Hirsch». Da das Bundesgericht in der Eile vergessen hatte, mir auch den Vornamen Peter abzusprechen, gingen auch meine beiden Taufnamen Hans Werner unter. Ich hiess jetzt rechtens Peter, ein Name, gegen den ich nichts einzuwenden habe und der mir seither wie ein treuer Hund überall hin folgt.
Immerhin: Die Zerstörung meiner journalistischen Identität war gelungen. Die offizielle juristische Literatur wurde um einen interessanten Fall bereichert.
Nach der Verhandlung in Lausanne wurde ich wieder in meine bisher bewohnte Zelle im Untersuchungsgefängnis in Bern zurückgebracht.
Die niedere, schwere Türe wurde geschlossen, der Schlüssel drehte sich knirschend und die Sicherheitsriegel schoben sich stöhnend in ihre eiserne Umarmung. Ich war wieder allein in meiner Zelle. Vor dem vergitterten Fenster stand in einer Konservenbüchse ein blühender Strauss Alpenrosen aus den südlichsten Tessinerbergen. Aber der würzige Duft sonnendurchtränkter Erde vermag den Geruch, der allen Gefängnissen eigen ist, und der eine seltsame Mischung von Schulhaus, Steueramt, Latrine und Spital darstellt, nicht zu übertreffen. Aber wenn ich die Blumen an mein Gesicht halte und tief ihren herrlichen Duft einatme, dann glaube ich dem Gefängnis entronnen zu sein und den befreienden Atem des Windes unter blauem Himmel zu verspüren.
Die Behörden hatten mir grosszügig erlaubt, meiner eigenen Beerdigung im hohen Bundesgericht zu Lausane beizuwohnen, natürlich unter sehr diskreter und freundlicher, aber äusserst handfester Begleitung.

Der Traum

Die Reise und die langen Reden der höchsten Richter der ältesten Demokratie hatten mich sehr ermüdet. Ich warf mich auf den harten Strohsack und liess im Geiste nochmals das Erlebte und Geschaute an mir vorübergleiten. Ich verfiel in den «Schlaf des Gerechten» und kehrte im Traum zurück in den imponierenden, säulengeschmückten Bau, der die höchste und reinste Verkörperung der Demokratie, das unbestechliche Gericht der weisesten Männer des Staates, die geweihte Stätte des Rechts in sich birgt. Erneut befand ich mich in dem ziemlich geschmacklosen Gerichtssaal mit den biblischen Fresken Blanchets, dessen einziger Vorteil in den sehr bequemen ledergepolsterten Stühlen für das Publikum besteht.
Alles ist hier äusserst vornehm und feierlich. Wie an einem Leichenschmaus. Die Richter und Anwälte sind schwarz gekleidet, und ich selbst musste meinen Hals in einen weissen Kragen und meinen Körper in mein bestes, schwarzes Gewand zwängen.
Genau so habe ich mir als kleiner Knabe stets das Jüngste Gericht vorgestellt. Ich sass einsam auf einem Stuhl im Vordergrund des Saales. Vor mir hatte sich mein treuer Verteidiger aufgestellt. Die Schösse seines Frackes kamen mir vor wie die Flügel der Engel und sein silberner Bleistift wie das flammende Schwert des Erzengel Gabriel. Rechts aber stand der Advokat des Teufels und schleuderte seine Anklage wie feurige Schlangen in den Raum. Hinter einem gigantischen Tisch aus poliertem Nussbaumholz aber sassen die Richter über Leben und Tod. Gott Vater in Gestalt des Präsidenten, und rechts und links von ihm, in eifriges Nachdenken versunken, vier Heilige. Ich kannte sie nicht; einige aber gehörten der Katholisch-Konservativen Partei an. An ihrer Heiligkeit war nicht zu zweifeln. Im Katechismus aber hatte ich gelesen, dass Maria, die Frau, beim Jüngsten Gericht an der Seite des Herrn stünde und

dass sie in ihrer Barmherzigkeit oft ein Wort der Fürbitte für die armen Sünder einlege.
«Wo ist Maria?» fragte ich einen hinter mir sitzenden Schreiber. Er gab keine Antwort, deutete aber mit seinem Vierfarbenstift auf ein grosses Wandgemälde. Ich hatte es bisher nicht bemerkt und vertiefte mich in seine Formen und Farben. Es war ein Doppelbildnis, das zu zwei Malen die gleiche Frau darstellt. Links ist ein einfaches Bauernmädchen zu sehen (es könnte aus Evolène im Wallis sein); barfuss, in gelassener Haltung blickt es über die Köpfe der Zuhörer, der Rechtsstudenten, Journalisten und des Volkes. Seine Hand liegt auf einem geöffneten, grossen Buch mit unbeschriebenen Blättern.
Das andere Bild aber rechter Hand zeigt die gleiche Jungfrau in schreitender Stellung, die Arme erhoben, als wollte sie der Welt die Erkenntnis, die sie aus den (unbeschriebenen) Blättern des Buches geschöpft hat, verkünden. Ihr Kleid ist von tiefer roter Farbe.
«Ist das Maria?» fragte ich den Schreiber. Er würdigte mich keines Blickes; als ich jedoch noch einmal zu dem barfüssigen Bauernkind im roten Kleid aufschaute, da glaubte ich ein ganz feines, gütiges Lächeln über sein Gesicht huschen zu sehen. An ihm vorbei aber, durch das Fenster, erblickte ich hinter dem Grün alter Bäume die blauschimmernde weite Fläche des Léman und drüben im Dunst des Morgennebels die Konturen der Berge Savoyens, wo die Söhne Frankreichs noch vor nicht langer Zeit die Soldaten Hitlers aus dem Land gejagt hatten.
Frankreich, Hort der Freiheit, ich grüsse dich!
Der Advokat des Teufels hatte soeben seine Anklagerede beendet und mein Verteidiger, Erzengel Gabriel, ergriff das Wort. Er schleuderte seine Sätze nicht wie Feuerbrände in den Saal, sondern seine Worte hatten die Klarheit und Reinheit eines hellen Bergbaches, der frisch und kühl durch sein Kieselbett fliesst. Und es schien mir, als ob dieses Wasser alle die kleinen und grossen Feuerzungen,

die seit dem Redestrom meines Anklägers noch überall im Saal herumloderten, lautlos löschen müsste.
Der erste Richter ergriff das Wort. Er sprach leise und langsam, und ich wurde schläfrig. Der Schreiber flüsterte mir zu, Gähnen sei unstatthaft, aber ich gähnte weiter – hinter der Hand – weil ich einfach musste. Da aber wurde meine Aufmerksamkeit auf eine hochgewachsene Frau gelenkt, die lautlos an mir vorbeiglitt und sich auf den leeren Stuhl zu meiner Linken setzte. Ich betrachtete sie verstohlen von der Seite und war erstaunt über die Schönheit ihres Profils. Um ihre helle Stirne lag ein milder Schimmer, wie er dem feinsten Elfenbein innewohnt. Ihre Nase war edel und ihr Mund voll Ausdruck, Leben und Wärme.
«Wer bist du?» fragte ich leise.
Statt einer Antwort hob sie die feine Hand an die Lippen und blickte unverwandt auf den Richter, der unaufhörlich weiter sprach. Seine Worte aber klangen wie fernes Gemurmel an mein Ohr; ich konnte meine Neugier nicht bezähmen und fragte weiter: «Bist du Justitia?» Da neigte die Frau den Kopf an mein Ohr und flüsterte: «Nenne mich Justice, das tönt weicher – biegsamer!» Dieses letzte Wort betonte sie seltsam, und als ich ihr meinen Blick wieder zuwandte, sah ich ein feines, gütiges Lächeln um ihren schönen Mund.
«Hilf mir!» flüsterte ich. Und wieder neigte sie ihren Kopf, so dass ich den warmen Hauch ihres Atems spürte, und sie fragte mich:
– Was suchst du hier?
– Recht.
– Was ist Recht?
– Das Gute, Edle, Wahre!
– Du bist am falschen Ort.
– Wieso?
– Weil sie dich hassen.
– Das weiss ich, aber Recht ist Recht!

– Du Narr! Recht ist Macht.
– Aber es steht doch geschrieben...
– Das Geschriebene ist tot, man kann es drehen, biegen, brechen, man kann ihm zwei Gesichter geben.
– Was soll ich tun?
– Nichts.
– Aber sie töten mich ja?
– Was töten sie?
– Meinen Namen, mein Werk!
– Sie versuchen es. Wenn aber dein Werk gut ist, wird es bestehen und mit ihm der Name. Den Geist töten sie nicht.
– Kannst du mir nicht helfen? Hast du keine Macht?
– Ich kann dir nicht helfen. (Justice warf einen zornigen Blick auf das Gericht) Ich habe mit ihnen nichts zu schaffen!

In diesem Augenblick erhob sich das Gericht, um das Urteil zu verkünden. Erzengel Gabriel blickte zurück, und die Richter und Schreiber warfen mir zornige Blicke zu.
«Muss ich aufstehen?» fragte ich Justice.
«Nein», sagte sie sanft, nahm meine Hand und führte mich durch die Gaffer aus dem Saal in die Kühle des hohen Tempels. Wir traten auf die schwarze Marmortreppe, und ich erblickte zwei riesige schwarze Statuen, die ein silbernes Tor bewachten. Auf ihren Köpfen trugen sie einen Sarg aus schwarzem Marmor.
«Das sieht aus wie ein Krematorium», sagte ich zu Justice, die immer noch an meiner Seite stand.
«Es ist ein Krematorium», sagte sie. «Das Krematorium des Rechts.»
Ich wandte mich schnell, um ihr Gesicht zu erblicken, aber Justice war verschwunden... und ich erwachte.

Der Traum beruhigte mich. Für eine Weile war ich der widerwärtigen Justizkomödie um die Ausradierung meines Namens entronnen. Wieder einmal erfuhr ich Epiktets Wahrheit: Nicht die Dinge beunruhigen die Menschen, sondern ihre Meinung über die Dinge.

Draussen allerdings, in den Niederungen der Tagespolitik, schliefen weder Freund noch Feind. An schadenfreudigen Kommentaren fehlte es nicht. Sie veranlassten einen mir unbekannt gebliebenen Autor, namens Heiri Lang, zu einer wirklichkeitsnahen bissigen Satire, die im Juni 1944 in der Zeitschrift «Der grüne Heinrich» erschien:

Die Esel und der Hirsch

«Das Bundesgericht in Lausanne, das oberste Gericht unseres Landes, darf nicht beurteilen, ob die Beschlüsse und Erlasse des Bundes-, National- und Ständerates mit der Bundesverfassung, dem Grundgesetz des Staates, in Übereinstimmung stehen. Das oberste Gericht der USA hat dies Recht. Aber in der Schweiz gibt es das nicht, da wir – nach dem Zürcher Professor Giacometti – ein Land ohne starke Rechtstradition und ohne alte Rechts-Kultur sind.
Die Herren auf dem Montbenon in Lausanne fällten in der politischen Verdunkelungszeit ein Urteil, das jetzt massgebend für alle Gerichte ist. Es richtet sich gegen die Rechte der Presse in einer Weise, die dem demokratischen Sinn und Geist des Volkes und seiner Verfassung entgegensteht.
Verfassungsbrüche lassen das Bundesgericht ruhig, Unrecht auch. Aber jetzt warf es sich auf einen Bissen, den ihm die Hintermänner jener Treiberei boten, die den Journalisten Peter Surava um seinen Schriftstellernamen bringen möchten.

Einem Pfahlbürger will es nicht in den Kopf, dass ein Schriftsteller ein Pseudonym hat. Und wenn Knechte glauben, an einem Freien sich rächen zu können, so auch hier! Sie vergessen, dass Thomas von Aquin, Pascal, der tschechische Reformator Hus – der verbrannt wurde –, wie Boccaccio unter Pseudonymen schrieben. Auch Grimmelshausen und Ulrich Hutten taten das. Molière war ein angenommener Name.

Auch in der Schweiz kennt man die Pseudonyme. Der spätere Zürcher Regierungsrat J. J. Treichler, der vom Eisenbahnkönig Escher gekauft wurde, schrieb in seiner Jugend seine sozialen Anklagen gegen die Fabrikanten des Frühkapitalismus als Chiridon Bittersüss. Ein gutes Buch über den Baselbieter General Suter, der Kalifornien erschloss, erschien vor Jahren unter einem Pseudonym. Einer der bekanntesten reformierten Pfarrer der Schweiz, publizierte seine literarischen Werke unter einem andern als seinem zivilen Namen. Der bernische Pfarrherr Alfred Bitzius, ein Mitglied des Zofingervereins, war politisch zuerst bei den Radikalen, um dann als Konservativer gegen die Radikalen zu gehen. Er schrieb seine grossen Bauern- und Volksbücher, die heute noch von allen gelesen werden und uns ein Bild des bernischen Bauernlebens im letzten Jahrhundert geben. Ein Meister der Sprache und Darstellungskunst, packt er heute noch. Über seine konservative Weltanschauung sagte der radikale Gottfried Keller beim Ableben des streitbaren Pfarrers sehr Gutes.

Der Pfarrherr von Lützelflüh, mit dem gewöhnlichen Vornamen Alfred und dem eigenartigen Geschlechtsnamen Bitzius, gab sich aber den Schriftstellernamen Jeremias Gotthelf. Die Welt kennt ihn nur unter diesem Namen.

Und nun möchten wir das HH. Bundesgericht auf folgenden Tatbestand aufmerksam machen: Jeremias hiess ein Mann im alten Jerusalem. Als Sohn eines Priesters war er sehr streitbar und überwarf sich mit der damaligen Obrigkeit. Er wurde schon in Haft genommen und ein andermal wegen Gotteslästerung vor Gericht gestellt. Nur mit Not entging er einem Todesurteil wegen Hochverrats. Er schrieb und redete viel, Jeremias diktierte einiges seinem Schüler Baruch. Er selbst soll im Ägypterland verschollen sein. Jeremias gehört zu den alttestamentlichen Propheten. Seine Jeremiaden stimmte er allgemeiner Zustände wegen an, währenddem Schweizer Minister wegen jeder Lappalie Jeremiaden heruntersingen, die bedeutend weniger klangreich sind als die im Alten Testament. Der bernische Pfarrherr Bitzius eignete sich nun den Namen dieses Propheten aus dem Alten Testament an.

Hochweises, Hochedles, Allesmögendes und Hochachtbares Bundesgericht in der sündigen Stadt Lausanne: wenn nun die Rechtsnachfolger dieses Jeremias auftauchen und gegen den Missbrauch des Namens Jeremias Klage führen würden? Was gäbe es da für ein Geschrei auch beim Stande der Buchverleger und Buchhändler! Das tit. Bundesgericht sollte das immerhin bedenken.

Und nun gar der Name Gotthelf! Man sollte den Namen Gottes aus dem Spiel lassen, man soll ihn doch nicht für alle unsere Dinge benützen. Und gar noch: Gott helf! Also eine Befehlsform, ein ‹kategorischer Imperativ›. Ein Pfarrer gar noch, benützte den Namen Gottes, um unter ihm seine literarischen Werke zu publizieren.

Vielleicht fällt es irgendeinem geistigen Hinterwäldler ein, auch deshalb Einspruch zu erheben und Klage zu führen.

Sachen sind das, nicht auszudenken! Möge der Herrgott dem tit. Bundesgericht helfen, damit es nicht einmal in Jeremiaden ausbrechen muss, weil es sich auf die Blödelei einliess, mitzumachen, als es galt, einem Mann der Feder seinen Schriftstellernamen abzusprechen. Es gibt aber Dinge, die man gar nicht absprechen kann.

Ein Bauernsprichwort sagt: das Huhn ist kein Adler, auch wenn es mit den Flügeln schlägt. Und wenn ein Esel ins Hirschgehege trampt, so sieht man doch sofort, was ein Esel und was ein Hirsch ist.»

Die Untersuchungshaft zog sich hin. Es gab längst nichts mehr zu bereden, doch auch ein zweites Entlassungsgesuch wurde durch den Staatsanwalt abgelehnt. Zermürbungstaktik. Beugehaft. Doch noch stand mir etwas bevor, was mich zutiefst erschüttern und mir den letzten Glauben an ein normales Verfahren rauben sollte.

Tiefschlag Nummer 2

Erneut wurde ich dem Berner Untersuchungsrichter vorgeführt und spürte sofort, dass er sich in seiner Haut nicht wohl fühlte. Er räusperte sich mehrmals, bevor er mir eröffnete, es sei noch eine Klage eingegangen wegen eines Betrugs, begangen durch mich selbst und den Photographen Paul Senn, mit dem ich viele Reportagen mit sozialem Inhalt gemacht hatte, u.a. auch einen Bericht über die erschütternde Not eines Heimes für verstossene, gefundene und misshandelte Kleinkinder im Wallis. Und ausgerechnet dieses Heim sollten Paul Senn und ich betrogen haben. Meine Wut brachte mich beinahe zum Weinen.
Was ich nun aber zu hören bekam, hatte ich nicht erwartet. Dieser Hinterhalt, so unbedeutend er an sich war, traf mich an einer empfindlichen Stelle. Er stürzte mich in eine Depression, an der ich noch lange herumwürgen sollte.

# EINE TAPFERE FRAU

Als ich noch Redaktor bei der «Nation» war, hörte ich von einem Kinderheim in Sitten, wo eine Schwester unter grössten Opfern arme, verlassene und ausgesetzte Kinder aufnahm und sie betreute. Es war ein Notruf aus höchster Bedrängnis. Alle Mittel waren versiegt, und es fehlte sogar das wenige Geld, um die Kinder zu ernähren.
Ich fuhr sofort mit Paul Senn ins Wallis. Was wir dort zu sehen bekamen, erschreckte mich tief.
Einen ganzen Tag lang sprachen wir mit Schwester Marie-Rose Zingg, photographierten die Kinder und vernahmen deren trübe Geschichte. Schon auf der Rückfahrt im Zug begann ich einen Bericht zu schreiben, der den Verantwortlichen nicht mundete:
«Mit 20 Franken habe ich angefangen» – erklärt uns die Leiterin des Walliser Kinderheims in Sitten, Sr. Marie-Rose. «Das war vor 16 Jahren. Ich sah das Elend und die Verwahrlosung unzähliger Walliser Kinder, sah die Machtlosigkeit des Staates gegen diese Zustände und entschloss mich, selbst Hand anzulegen. Beim harmlosen Spiel gewann ich diese 20 Franken, und sie sollten der Grundstein werden zu meinem Werk. Ich nahm einen armen, verlassenen Bub auf. Zuerst sagte er ‹Tante› – und bald darauf nannte er mich ‹Mutter›. Ein Chalet wurde gemietet, und neben meinem Beruf führte ich das Heim sieben Jahre lang. Ich wollte zuerst nur einige wenige Kinder aufnehmen, doch nach vierzehn Tagen waren es bereits deren siebzehn, und bald war ich ‹Mutter› von vierzig Kindern.»
Welche Sorgen! Wieviel Kummer und Angst um die Kranken und Schwachen. Denn die meisten Kinder kommen in krankem Zustande ins Heim. Ohne die selbstlose unentgeltliche Mitarbeit eines grossherzigen Sittener Arz-

tes ginge es nicht. Denn für diese Kinder wird nicht bezahlt! Nur wenige – ja, wenn wir uns recht erinnern, nur ein einziges – kommen aus normalen Verhältnissen. Wenn man es «normal» nennen will, wenn Vater und Mutter hart arbeiten müssen, damit sie ihren bescheidenen Lebensunterhalt und noch einen Franken pro Tag für ihr Kind aufbringen können!
Da dieser Säugling, der immer still vor sich hinblickt, mit der ernsten Miene eines Greises. «Er wurde auf dem Abort einer Irrenanstalt geboren. Der Vater unbekannt, die Mutter wahnsinnig.»
Und dieser da? «Nein, er ist nicht normal. Die Mutter wischt draussen im Gang die Treppe...» Wir gehen hinaus: Ein fünfzehnjähriges, verschüchtertes Mädchen schaut uns misstrauisch an. In seiner grössten Not ist es am Weihnachtsabend, weil es nicht wusste, wo es seiner schweren Stunde entgegensehen sollte, ins Kinderheim gekommen. Liebevoll wurde es aufgenommen. Niemand fragte, ob es Geld habe, ob es zahlen könne. Hier wird geholfen, ohne zu fragen. «Der Vater ist der Bruder des Mädchens», sagte die Schwester...
Wie verlassen diese Kinder sind, mag die Tatsache illustrieren, dass von allen vierzig nur deren zwei am Weihnachtsabend ein Päckli von Angehörigen erhielten...
Und der kleine Claudie, der uns seine Ärmchen entgegenstreckt, wurde eines Tages von seiner Mutter ins Heim zur Pflege gebracht, wo er bereitwillig aufgenommen wurde. Die Mutter gab Name und Adresse bekannt und versprach, nach Möglichkeit einen Beitrag zu leisten. Doch sie erschien nie mehr, und als man nachforschte, erwiesen sich alle Angaben als falsch. Die Frau blieb unauffindbar und verschwunden...
Und nun kommt der grauenhaft dumm-dreiste Büffel Bürokratie und weigert sich, diesem Menschenkind Lebensmittelkarten zu geben! Denn Claudie hat ja keine Papiere! Der Staat gibt keine Lebensmittelkarten und

keine Textilkarten für diesen Erdenbürger, den eine gewissenlose Mutter ausgesetzt hat und der nun hier im Kinderheim liegt und so gut seine Milch braucht wie jeder legitime Sprössling. Einen harten und bitteren monatelangen Kampf führt die Leiterin des Kinderheims mit dem Hornochsen Bürokratius, bis er sich endlich dazu bequemt, auch von der Existenz dieses Kindes Kenntnis zu nehmen. Das Bild, das sich hinter diesen vierzig Geschöpfen auftut, ist unausdenkbar trüb und traurig. Es müsste ein Buch für sich füllen: Die unbekannte Schweiz!»

Mit diesen Worten schloss die Reportage, die Paul Senn und ich in der «Nation» veröffentlichen. Die Aufnahmen der Kinder, das Leid, das sich in ihren Augen spiegelte, löste nicht nur breite Entrüstung, sondern auch eine einzigartige Welle der Hilfsbereitschaft aus.
Später wurde auch das Buch «Die unbekannte Schweiz» geschrieben. Es erschien 1944 im Verlag der «Nation» Bern und trug den Untertitel: «Eine tapfere Frau». Eine Sammlung bei den Lesern der «Nation» ergab auf Anhieb Fr. 30 000.-, was damals viel Geld war und das Kinderheim vor dem Untergang rettete. Weitere Mittel gingen ein, und schliesslich näherte sich die Sammlung der 50 000 Franken-Grenze. Die ergreifendste Spende von Fr. 22.- kam von den Sträflingen aus der damals berüchtigten Kantonalen Strafanstalt in Sitten. Der Brief trug die Unterschrift «Un pour tous». Nicht von ungefähr, denn Schwester Marie-Rose kümmerte sich nicht nur um die verwahrlosten Kinder, sondern nahm auch leidenschaftlich Anteil am Schicksal der Strafgefangenen, die sie wie eine Mutter verehrten.
Doch wer glaubt, diese dringend nötige Hilfsaktion sei überall auf eitel Freude gestossen, täuscht sich. Torpedos

wurden abgeschossen, die einen offen, die andern aus unbekanntem Hinterhalt. Eine niederschmetternde Nachricht traf ein: Die PTT sperrt das Postcheckkonto des Walliser Kinderheims, auf das die Spenden eingingen. Der Chef des Eidg. Kriegsfürsorgeamts (Saxer) schrieb der «Nation» am 9. Februar 1944 einen Brief, worin er uns mit einer Strafanzeige drohte, sollten wir noch einmal eine solche Sammlung durchführen.

Weil die Spendenaktion nicht amtlich bewilligt war, blieb das Postcheckkonto gesperrt. Die dringend benötigten Hilfsgelder konnten nicht weitergeleitet werden. Später, wohl unter dem Druck der öffentlichen Meinung, wurde das Konto freigegeben und die Sammlung nachträglich bewilligt. Aber bereits kam ein neues Torpedo angesaust.

«Wir Walliser protestieren», lautete der Titel eines Artikels, der in den Zeitungen «Vaterland» und «Walliser Bote» erschien, unterzeichnet mit den Buchstaben L. I. Der Name des Kanoniers dieses Torpedos soll der Öffentlichkeit nicht verschwiegen werden. Es ist Herr Louis Imesch, Sekretär des Erziehungsdepartements in Sitten, der den traurigen Mut hatte, sich zur Verfügung zu stellen, eine gute Sache aus dem Hinterhalt zu torpedieren.

Wir liessen uns nicht einschüchtern und nahmen den Kampf auf. Nach einem peinlichen journalistischen Geplänkel musste das Walliser «Vaterland» bekennen:

«Wir geben ohne weiteres zu, dass in hygienischer Hinsicht in unserem Kanton lange Zeit wenig getan worden ist. All jene, die auf den Artikel der ‹Nation› hin dem besagten Kinderheim Gaben senden, werden gewiss einst reichlich belohnt werden. Sie geben, von dem Artikel mitgerissen und aufgewühlt, um zu helfen. Und das ist recht.»

Auch Schwester Marie-Rose blieb nicht unbehelligt. Sie fiel in Ungnade, und es gab prominente Leute, die ihr den Gruss verweigerten. Es lief nach dem üblichen Muster ab:

Nicht die Verantwortlichen an miserablen Zuständen sind schuldig. Schuldig sind die, die sie aufdecken.
Ein ganz Schlauer kam auf die Idee, mir persönlich eine Falle zu stellen. Ich war in jenen Tagen nicht auf Rosen gebettet. Was ich bei der «Nation» verdiente, war sehr bescheiden.
Am 11. Februar 1944 traf auf der Redaktion ein uneingeschriebener Brief ein, in dem eine Tausendernote lag, dazu ein Zettel mit den Worten:

Aus Dankbarkeit an ein frohes Wiedersehn.

Tit. «Nation» Bern.

Wollen Sie gefl. beiliegende Fr. 1000.-
für das Kinderheim im Wallis senden, welches
Sie so warm empfehlen.

Von Unbekannt.

Ich legte den Brief mit der Tausendernote meinem Redaktionskollegen Dr. E. Schnöller auf den Tisch und sagte: «Was hältst Du davon?» Etienne drehte den Brief um, spielte einen Moment mit der Note und sagte: «Dieses Geld stinkt. Pass auf! Das ist eine Falle. Ich höre wieder einmal die Ketten rasseln.» Die Ketten rasseln, das war sein Codewort für die nicht kontrollierbaren Kreise, die bei unserer Zeitung ganz im Stillen Einfluss nahmen auf unsere politische Haltung. Wir hatten es mehrmals erfahren: freundschaftliche Ratschläge, höfliche, aber deutliche Empfehlungen, da oder dort vorsichtig zu sein. Wir kannten die «Lisel» am Geläut.
Schnöller sagte: «Ich wette meinen Kopf, dass das ein schmutziger Versuch ist, Dich aufs Glatteis zu führen. Du gehst zu scharf auf die sozialen Missstände los. Du bist ein Unruhestifter. Die Wahrheiten, die Du ans Tageslicht

bringst, sind unerwünscht, sie untergraben das Bild, das die offizielle Schweiz gerne sieht. Ich warne Dich, Du gehst auf Messers Schneide.»

Ich war dankbar für die Warnung. Niemand ist gegen Versuchungen gefeit. Jeder Mensch begeht einmal einen Fehler, doch die Spekulation auf diesen Fehler ging daneben. Die Urheber hatten offenbar ihre Mentalität mit der meinen verwechselt.

Ich gab die Tausendernote meiner Sekretärin und sagte: «Gehen Sie bitte zur Post und zahlen Sie das auf das Konto des Walliser Kinderheims ein. Absender: ‹Die Nation›.» Die Postquittung publizierte ich mit herzlichem Dank an den Spender in der nächsten Ausgabe. Datum 11.2.1944.

Das Verhör um das Walliser Kinderheim ging weiter.
«Was sagen Sie zu dieser Anschuldigung?»
«Das ist das Übelste, was mir je angetan wurde. Unsere Reportage hat an die 50 000 Franken eingebracht, die bis auf den letzten Rappen an das Kinderheim ausbezahlt wurden. Und nun will man mir anhängen, ich hätte mich daran bereichert.»
«Haben Sie von Schwester Zingg nie Geld erhalten?»
«Nie.»
«Und wie steht es mit Paul Senn?»
«Das müssen Sie ihn selber fragen.»
«Sie können gehen.»
In der Zelle verlor ich die Beherrschung. Ich heulte los, und es dauerte ziemlich lange, bis ich mich gesammelt hatte. Dann aber war ich entschlossener denn je, erst recht nicht aufzugeben. Ausserdem hatte ich ein gutes Gewissen.

Auch dieses Verfahren wurde verschleppt. Ich hörte nichts mehr davon, nahm es auch nicht ernst. Doch die

Wirkung blieb nicht aus. Meine Gegner sorgten dafür, dass man sich hinter vorgehaltener Hand die Verdächtigung weiter erzählte. Niemand wagte ein Wort darüber zu schreiben. Der Rufmord wirkte auch so.
Erst zweieinhalb Jahre später erhielt ich im Oktober 1946 durch den Basler Staatsanwalt die «Notifikation» des Berner Untersuchungsrichters, worin mir und Paul Senn mitgeteilt wurde, dass gegen uns keine Strafverfolgung eröffnet werde und dass die Kosten des Ermittlungsverfahrens vom Staat zu tragen seien.
Nie habe ich erfahren, wer diesen verwerflichsten aller Giftpfeile abgeschossen hatte.

Man muss sich in die Jahre um das Ende des 2. Weltkrieges versetzen. Heute, bald 50 Jahre später, macht man sich keine Vorstellung von den sozialen Zuständen in jenen Tagen. In weiten Kreisen herrschte Armut und Existenznot. Die soziale Schweiz, wie sie heute besteht, gab es noch nicht. Wer nicht durchkam, musste beim «Armenvogt» untertänigst um Unterstützung bitten. Besonders schlecht waren Arbeitslose und mittellose alte Leute dran. Es gab noch keine AHV, und alle Versuche, sie durchzusetzen, wurden politisch im Keime erstickt. Wer meckerte, wurde als Aufwiegler und Kommunist verschrieen.

Tiefschlag Nummer 3... ging ans Lebendige

An einem Morgen beim Öffnen der Redaktionspost geriet mir ein merkwürdig weicher, schwabbliger Briefumschlag in die Hände. Er enthielt ein kleines Päckchen in Seidenpapier, das ich vorsichtig öffnete. Darin kam ein

weisslich-graues feines Pulver zum Vorschein, mit dem ich nichts anzufangen wusste. Ich legte es beiseite und öffnete den Rest der Post. Nach etwa einer halben Stunde verspürte ich eine merkwürdige Benommenheit und eine gewisse Atemnot. Ich nahm einen starken Briefumschlag und schüttete das Pulver samt Seidenpapier hinein, legte das adressierte Couvert dazu und verschloss alles luftdicht mit breiten Klebstreifen.
Kurz darauf kam ein Anruf von der Polizei. «Haben Sie heute ein Couvert mit einem Pulver erhalten?» Ich bejahte. «Dann bringen Sie es uns sofort auf den Posten. Berühren Sie das Pulver nicht und atmen Sie es nicht ein. Waschen Sie sofort die Hände.»
Auf dem Polizeiposten erfuhr ich, dass das Pulver ein gefährliches Atemgift enthalte. Wäre es mehr als eine Stunde in meiner Nähe liegen geblieben, hätte es einen Atem- und vermutlich Herzstillstand auslösen können. Neben einigen andern hatte merkwürdigerweise auch mein ausgesprochener politischer Gegner, Bundesrat Eduard von Steiger, am gleichen Tag dasselbe Pulver erhalten. Es lag bereits bei der Polizei. «Das Gift wird von Chemigraphen verwendet», sagte der Beamte. «Wir fahnden in dieser Richtung.»
«Woher wussten Sie, dass ich...»
«Das kann ich Ihnen nicht sagen. Manchmal hat eben auch die Polizei eine Nase.»

Letztes Verhör beim Untersuchungsrichter in Bern:

«Bevor ich gehe, möchte ich eine Dusche nehmen.»
«Hat man Sie denn nicht aufs Dach geführt?»
«Eben nicht. Aber das wussten Sie doch!»
«Auf dem Dach hat es Duschen. Man hätte sie hinführen

müssen, jede Woche. Dort wären Sie auch an die Luft gekommen. Ich werde Weisung geben.»
«Etwas spät. Kann ich jetzt gehen?»
Er bejahte es, aber ich verabschiedete mich nicht. Er hatte sich als zwar höflicher, aber allzu willfähriger Diener der Klägerpartei erwiesen. Den Grundsatz «In dubio pro reo» schien er nie gehört zu haben. Er rührte keinen Finger, um auch das ihm angebotene Entlastungsmaterial zu prüfen. Nichts von Wahrheitsfindung, nur Fallen und Tricks, bis ich es schliesslich aufgab, mich zu verteidigen. Ich liess ihn reden, um möglichst viel über die Fäden des Fangnetzes zu erfahren. Je mehr ich schwieg, umso mehr redete er. Sein Name war – nomen est omen – Dr. Holzer. Beharrlich hatte er versucht, Kleinholz aus mir zu machen. Manchmal hatte er Teilerfolge. Doch in den schlaflosen Nächten sammelte ich die Splitter und Scheiter und fügte sie sorgsam wieder zusammen. Mein Leim hiess: Vertrauen in eine höhere Gerechtigkeit. Den Glauben an das Recht im Sinne der Justiz hatte ich längst abgelegt.
Als ich in Basel ankam, wurde ich am Bahnhof von einigen hundert Getreuen empfangen, umarmt und in eine Beiz geschleppt. «Du hast es überstanden. Sie werden nie wagen, eine so lausige Klage vor Gericht zu bringen.»
«Da bin ich nicht so sicher», sagte ich.
Zuhause angekommen, traf ich eine verstörte und veränderte Frau. Sie wirkte unsicher, so dass ich unwillkürlich fragte: «Du glaubst doch nicht etwa...?» Sie weinte. Ich nahm sie in die Arme, und es gelang mir, sie zu beruhigen. Gemeinsam gingen wir ins Kinderzimmer, wo die beiden Mädchen friedlich schliefen.
Am andern Morgen war ich früh in der Druckerei, berief eine Redaktionskonferenz ein, und wir beschlossen, es ihnen auf der Titelseite zu geben: Saures.
Karl Hofmaier sagte: «Sie nehmen das alles viel zu tragisch. Sie müssen noch lernen, diese ganze Justiz nicht

ernst zu nehmen. Das Urteil kann ausfallen, wie es will. Wir lassen Sie nicht fallen. Was man Ihnen vorwirft, kann ja nicht wahr sein. So blöd wäre ja keiner.»
Damit hatte er recht. Aber weder er noch ich ahnten, dass der Tanz erst begonnen hatte.
Die «drôle de guerre» der Justiz nahm ihren Lauf.

Eine rasch folgende Gerichtsverhandlung lag in meinem höchsten Interesse. Doch das wussten die «Fertigmacher» auch. Je länger der Nervenkrieg dauerte, umso mehr würde meine Widerstandskraft – wirtschaftlich und geistig – geschwächt werden. Der Rufmord erwies sich als zäh und wirksam. Aus dem Beschuldigten war längst ein Angeklagter geworden. Im Grunde genommen war ich ohne Gerichtsverfahren bereits verurteilt.

IM GEHEGE DER HEILIGEN KÜHE

Wenn ich an meine Zeit bei der «Nation» zurückdachte, musste kommen, was kommen musste. Ich hatte allzuviele Kreise gestört, Breitseiten abgeschossen, die unerbittliche Feinde auf den Plan riefen. Bissige Hunde, die man unsanft aufweckt, beissen zu. Je mehr Missstände ich aufdeckte, umso mehr wurde ich zur Gefahr. Einige bekamen es mit der Angst zu tun: Was wird er noch alles aufreissen? Mitten im Krieg soziale Miseren aufdecken, das wurde von Leuten, die ein schlechtes Gewissen hatten, fast als Landesverrat gesehen. Was man brauchte, war Ruhe. Mit der «äusseren Gefahr» konnte alles entschuldigt und vertuscht werden. Nur keine Deckel von den Sautöpfen heben! Alles lief ja gut. Die einen wurden reicher, die andern ärmer, doch jetzt war keine Zeit zu meckern. «Wer nicht schweigt, schadet der Heimat.» Diese Parole, zuerst als Abwehr gegen Spione gedacht, wurde bald umgemünzt auf das soziale und wirtschaftliche Gefüge. Die Geschäfte liefen doch gut. Rüstungsexport, Geld- und Goldtransfer zwischen den Fronten, intakte Verkehrswege zwischen den Achsenmächten – kurz – eine Kriegslage, die vielen Leuten sehr zustatten kam. Ausserdem gute Gründe, die Schweiz militärisch in Ruhe zu lassen.
Warum, frage ich mich in der Rückschau, habe ich in dieser Zeit so oft zum Zweihänder gegriffen? Was trieb mich immer wieder in jene gefährlichen Tabu-Zonen, die man besser in Ruhe gelassen hätte, Zonen, die man nicht betreten konnte, ohne dass Minen explodierten, einige sogar mit Spätzündung.

«Bist Du wahnsinnig geworden?» Mit diesen Worten stürmte mein Kollege Dr. Schnöller in mein Büro. Eben war die «Nation» No. 36 vom 9. September 1943 von der Druckerei ins Haus gebracht worden. Ich blickte ihn erstaunt an, als er mir die frisch aus der Maschine kommende Zeitung aufs Pult knallte und mit der Faust auf einen kleinen Beitrag auf der Titelseite hieb:
«Du hättest gerade so gut das eigene Todesurteil unterschreiben können!» Er war ausser sich. «Das kann uns den Kopf kosten!» «Was heisst ‹uns›? Siehst Du denn nicht, dass ich die genaue Quelle angegeben habe. Da heisst es doch ‹Zitiert aus dem Volksrecht›!»
«Das rettet uns nicht! Was das ‹Volksrecht› bringt, zählt nicht. Das ist eine abgestempelte sozialdemokratische Zeitung. Aber wenn Du so etwas in die ‹Nation› hineinstellst mit unserer Hunderttausender-Auflage, das haut den Zapfen heraus. Das wird man Dir nie verzeihen. Du wirst es schon sehen. Du kannst nur den Kopf einziehen und auf den Sturm warten.»
Die Erregung meines älteren Kollegen war echt. Was es auf sich hatte, erfuhr ich schon eine Stunde später, als ich über den Bundesplatz ging und dort Hans Oprecht traf, den damaligen Präsidenten der Sozialdemokratischen Partei der Schweiz. Er sagte: «Das werden Sie büssen müssen, Surava. Ich kann Ihnen nur kondolieren.»
«Warum ich? Ihr habt das doch im ‹Volksrecht› gebracht. Warum muss ich nun den Kopf dafür hinhalten?»
«Das ist nicht dasselbe», sagte Oprecht lachend.» Uns Sozi kennt man, doch Sie dringen mit der ‹Nation› weit ins Land hinaus und tief ins Bürgertum hinein. Es wird eine tolle Hexenjagd losgehen. Am besten gehen Sie in die Ferien. Wir können Ihnen nicht helfen, das wäre Schützenhilfe von der falschen Seite.»
Was war geschehen? Welches Verbrechen hatte ich begangen? Unter der Rubrik «Zum Nachdenken» hatte ich

den folgenden Text ohne Kommentar aus dem «Volksrecht» übernommen:

1. Die Schweiz hat als erster Staat die faschistische Eroberung Abessiniens anerkannt.
2. Die Proteste der ausländischen Missionen des Roten Kreuzes in Abessinien gegen die Anwendung von Giftgas durch die Faschisten blieben vom Internationalen Komitee des Roten Kreuzes unbeachtet.
3. Präsident des Internationalen Komitees vom Roten Kreuz ist Prof. Max Huber.
4. Prof. Max Huber ist zugleich auch Präsident der Aluminium-Industrie A.-G. Neuhausen.
5. Die Aluminium A.-G. Neuhausen ist eng verbunden mit dem Trust Montecatini.
6. Die Giftgasbomben, die in Abessinien gegen die wehrlose Bevölkerung verwendet wurden, stammten von Montecatini!

Es war ein merkwürdiger Zufall, dass neben dem Zeitungskopf, wo stets ein aktueller Sinnspruch plaziert wurde, der folgende Text von Arnold Jaggi zu lesen war:

«Wir sind aufgerufen uns im Sturme der Zeit zu bewähren. Sich täuschen lassen, ist heute eine Sünde gegen das Vaterland, und nicht Opfer bringen wollen, und die augenblicklichen materiellen Interessen denen unserer Unabhängigkeit voranzustellen, gleichgültig, wen es betreffe.»

Schon am Nachmittag lief das Telefon heiss. Fast alle Vorstandsmitglieder riefen an. Der Tenor war einhellig: «Verstand verloren.» Eine Sitzung wurde einberufen, an der beschlossen wurde, mein Kollege Dr. Schnöller habe fortan die Pflicht, alles zu lesen, was ich schreibe, um weiteren Schaden von uns abzuwenden. Das sei auch in meinem Interesse.

Ein Kesseltreiben in der Presse ging los, wie es selten stattgefunden hatte. Niemand kümmerte sich um die

Tatsachen. Jetzt war die Gelegenheit gekommen, den unbequemen Schreiberling zu liquidieren. Es half mir nichts, wenn ich alle Anwürfe mit den einfachen Fragen «Stimmt es, oder stimmt es nicht? Ist es wahr oder nicht?» beantwortete.
Niemand wollte hier die Wahrheit zur Kenntnis nehmen. Ich war ins Gehege der Heiligen Kühe geraten und damit auch in die Gründe der Volksseele, wo die Leitbilder beheimatet sind, die von jedem Volk gehätschelt werden, zu Recht oder zu Unrecht. Ich hätte Pestalozzi, Gotthelf oder sogar den General blossstellen können, nicht aber Max Huber, der aus mir unerfindlichen Gründen in der Seele des Normalbürgers die Vorstellung einer untadeligen Vaterfigur einnahm. Der berühmte Völkerrechtler, der Präsident des Ständigen Internationalen Gerichtshofes in Den Haag, der Präsident des Internationalen Komitees vom Roten Kreuz. Der Stolz der Eidgenossenschaft.
Altarbilder sollte man nicht antasten, Wahrheit hin oder her. Ich war nicht ins Fettnäpfchen getreten, ich hatte eine Todsünde begangen, mochten auch die vom Giftgas zerfressenen abessinischen Soldaten anderer Meinung sein.
Zu allem Überfluss erschien in derselben Ausgabe die Besprechung eines Buches, das viel Aufsehen erregte, aber totgeschwiegen wurde. Der Verfasser, Sidney H. Brown, der für das Rote Kreuz in Abessinien tätig war, hatte mit eigenen Augen die Giftgasangriffe der Italiener wie auch die Bombardierung der Rotkreuzkolonnen gesehen. Darüber hatte er bei der Büchergilde Gutenberg ein Buch mit dem Titel «Für das Rote Kreuz in Abessinien» veröffentlicht.
In einem «Letzten Brief an das Rote Kreuz» beklagte sich Sidney H. Brown bitter über das Verhalten seiner Auftraggeber. Wörtlich schrieb er:
«Ich finde es sehr betrüblich, dass sich das Internationale Komitee vom Roten Kreuz während der ganzen Dauer des Äthiopischen Krieges in diplomatisches Schweigen

hüllte und sich gescheut hat, selbst den offenbarsten Übergriffen der stärkeren Macht entgegenzutreten. Jedenfalls hat die Art und Weise, wie die Übergriffe der Italiener in Genf vertuscht und verheimlicht wurden, bei vielen Leuten, die früher an die Ideale des Roten Kreuzes glaubten, einen bitteren Nachgeschmack hinterlassen.»
Mit geradezu seherischer Voraussicht schrieb der ehemalige Rotkreuz-Delegierte: «Der nächste Krieg wird ein vollständiger Vernichtungskrieg sein und die kleinen Sicherheitsinseln der Rotkreuzeinheiten werden weggeschwemmt von den Wellen des Schreckens und untergehen im Ozean des allgemeinen Grauens.»
Auch dieser Mahner wurde mit voller Absicht überhört. Die guten Beziehungen zu Herrn Mussolini waren wichtiger als die von den Italienern bombardierten Rotkreuzkolonnen. Staatsraison.
Alle unsere Beteuerungen, dass wir mit dieser Publikation dem Roten Kreuz keinen Schaden zufügen wollten und unsere Aufforderung an die Leser, die Tätigkeit des Roten Kreuzes nach Kräften zu unterstützen, halfen nichts. Zum gehässigsten Schlag gegen die «Nation» und meine Person holte ein Mann aus, der noch heute in der Schweiz als eine Art Musterknabe christlichen Bewusstseins verehrt wird. Unter dem Titel «Gewissenloser Journalismus» ging der Theologieprofessor Dr. Emil Brunner in der NZZ harsch mit mir ins Gericht. Man gab zwar zu, dass die publizierten Tatsachen nicht bestritten werden könnten, doch sei die Stellung der Schweiz diplomatisch damals sehr schwierig gewesen. Es wurde bekannt gegeben, dass Prof. Max Huber seine Einkünfte aus der Aluminium AG in Neuhausen, die zu Montecatini Verbindungen unterhielt, seit 1939 dem Roten Kreuz habe zukommen lassen...

Die Schweiz stand vor den Wahlen. Es war verlockend, einen journalistischen «Fehltritt» des «Volksrecht» gegen die politisch stärkere «Nation» auszuspielen. Ich muss es dem Vorstand der «Nation» hoch anrechnen, dass er mir in meinem Kommentar die folgende Erklärung gestattete:

«Wir würden uns nicht wundern, wenn sich diesen systematischen Aktionen vor den Wahlen gegen die ‹Nation›, zu denen sich auch ein Anhänger der Oxfordbewegung und Theologieprofessor hergibt, noch weitere Massnahmen angliedern würden. Dem politisierenden Theologen aber möchten wir die folgende Stelle aus der Bibel in Erinnerung rufen: ‹Wehe Euch, Ihr Schriftgelehrten und Pharisäer, Ihr Heuchler, dass Ihr die Aussenseite des Bechers und der Schüssel reinigt... Du blinder Pharisäer, mache zuerst den Inhalt des Bechers rein, damit auch seine Aussenseite rein wird. (Mark. 7,4.)›.»
Die weiteren Massnahmen blieben nicht aus. Die krasseste und schamloseste war das Verbot eben dieser Ausgabe der «Nation» durch die Zensur, die gleich noch mit einem Verbot für eine weitere Ausgabe verbunden war. Die Zeitung erlitt moralisch und wirtschaftlich einen schweren Schlag, der aber durch das grosse Interesse neuer Leser wettgemacht wurde. Die Auflage stieg weiter.

In der darauf folgenden Ausgabe (No. 39 vom 14. Okt. 1943) mussten wir erklären, dass das Verbot durch die Zensur nicht etwa wegen unserer Stellungnahme dem Roten Kreuz gegenüber erfolgte, sondern wegen der Gesamthaltung der Zeitung. Hinterhältig hiess es im amtlichen Communiqué, die Beschlagnahmung sei u.a. auch erfolgt «wegen Einschaltung in ausländische Propaganda». Wir protestierten heftig, denn in der Begründung war über einen solchen Vorwurf keine Zeile zu finden.

CHOR DER AUGUREN

Es könnte nicht besser laufen. Man müsste Surava für seinen Angriff auf Prof. Huber direkt dankbar sein. Er hat uns damit Gelegenheit gegeben, gleich mehrere Fliegen auf einen Schlag zu treffen. Er ist hart angeschlagen und mit ihm die «Nation». Den Rest besorgt die Zensur.

Die Zensur! Sie war der Schrecken aller freiheitlich gesinnten Journalisten. Angsthasen und Leisetreter hingegen lebten recht gut unter den Pressevögten, gaben sie ihnen doch die Möglichkeit, ihre oft anpasserische Haltung mit der Pressezensur und der Erhaltung der Neutralität zu verschleiern.
Der Bundesrat hatte bei Ausbruch des 2. Weltkrieges die bereits verfügte Vorzensur, die allzusehr den Verhältnissen in diktatorischen Staaten glich, aufgehoben. Man wollte sich mit einer Überwachung im Sinne einer Nachkontrolle begnügen. Die Frage der Verantwortung wurde elegant gelöst, indem der Bundesrat der Militärgewalt die Leitung der Abteilung Presse und Funkspruch übertrug.
Es muss anerkannt werden, dass der Druck auf die Landesregierung durch Hitlerdeutschland beachtlich war. Jede, auch die kleinste Äusserung gegen den Nazistaat wurde peinlich genau registriert und planmässig benützt, die ständigen Drohungen zu verstärken. Liebedienereien, wie das Verbot des Buches «Gespräche mit Hitler» des ehemaligen Danziger Senatspräsidenten Hermann Rauschning in der Schweiz, fruchteten wenig. Der deutsche Presseattaché verlangte arrogant die Entlassung führender schweizerischer Chefredaktoren. An einer Pressekonferenz in Berlin drohte der Sprecher des Auswärtigen Amtes den Redaktoren, die gegen das «neue Europa» schrieben, mit den Steppen Asiens als neue Heimat. Besser aber werde es wohl sein, wenn man sie ins Jenseits befördere.

In unterwürfiger Übereinstimmung mit den Nazis forderte der sogenannte «Volksbund für die Unabhängigkeit der Schweiz» am 1. August 1940 bei Bundesrat Marcel Pilet-Golaz den Rücktritt der Chefredaktoren Bretscher (NZZ), Oeri (Basler Nachrichten) und Schürch (Der Bund). Für untragbar erklärt wurden ausserdem die «National-Zeitung», die «Weltwoche», «Die Nation» und der «Beobachter». Dank der Entschlossenheit der Presse und einiger senkrechter Politiker wurde der Anschlag auf unsere Pressefreiheit verhindert. Der tägliche Kleinkrieg mit der Zensur war aufreibend. Es ist nicht der Zweck dieses Buches, mit der Pressekontrolle im Zweiten Weltkrieg abzurechnen. Schön wäre es, wenn demnächst einmal nach Beendigung der Sperrfrist die heissen Briefwechsel zwischen den schweizerischen Presseleuten und den beauftragten Zensoren publiziert werden könnten. Allein die Korrespondenz der Zensur mit der «Nation» würde einen bestsellerverdächtigen Wälzer ergeben, dem ein homerisches Gelächter sicher wäre. Ein Beispiel kann ich hier publizieren. Es bedarf keines Kommentars, ausser dem Hinweis auf das Datum: 8.12.1944.

Hätte der Pressechef das Publikationsverbot der auf Seite 120 abgebildeten Zeichnung 1940 oder 1941 ausgesprochen, wäre es noch verständlich gewesen. Man wollte damals den siegestrunkenen Führer nicht unnötig reizen. Aber Ende 1944! Hitler hatte bereits den «Deutschen Volkssturm» ausgerufen und Himmler und Bormann mit dem Kommando der schlechtbewaffneten alten Männer und Knaben betraut. Churchill und Eden reisten nach Moskau. Das Kriegsende zeichnete sich überdeutlich ab. So gesehen, mutet das Verbot dieser Grafik an wie die Erschiessung eines Deserteurs, der die Flinte wegwirft, weil er erfahren hat, dass bereits über die Kapitulation verhandelt wird. Ein Schicksal, das vielen deutschen Soldaten nicht erspart blieb, nicht einmal Minderjährigen.

Mehr komischen, aber ebenso bezeichnenden Charakter hat der im Bildteil wiedergegebene Brief der Abteilung Presse und Funkspruch vom 14.1.1942. Noch heute ist der Name Quisling ein Schimpfwort für einen klassischen Verräter. Der Mann, der sein Vaterland Norwegen an die Nazis verraten hatte, der mit der Deutschen Armee gemeinsame Sache gegen seine Landsleute machte, durfte in der Schweiz nicht als Verräter bezeichnet werden. Dass sich durch den Titel «Auch Quisling leistete den Fahneneid» rechtdenkende Offiziere aufs schwerste verletzt fühlten, ist doppelzüngig. Die Redaktoren der «Nation» haben als Soldaten ausreichend Dienst geleistet und auch den Fahneneid abgelegt. Sie fühlten sich durch diese Formulierung nicht verletzt. Verletzt fühlten sich vielleicht Mitglieder der «Eidgenössischen Sammlung» (ESA), deren Ortsgruppe Bern am 28. November 1941 die Berner Studenten zu einem Ausspracheabend einlud. Referent war der Redaktor der «Front», ein gewisser Dr. Meyer. Das Thema: «Die Schweiz im europäischen Schicksal». Am Schluss erklärte der Redner, die Schweiz könne zwar die Haltung des «heroischen Widerstandes» einnehmen, werde sich aber früher oder später, so oder so, dem allgemeinen Entwicklungsgesetz fügen müssen.

Konnte man da nicht annehmen, dass am Fahneneid solcher Anpasser mindestens zu zweifeln sei? Es gereicht den Berner Studenten zur Ehre, dass sie der ESA eine fürchterliche Abfuhr bereiteten.

Neben den vielen weissen, unbedruckten Stellen, welche die «Nation» in der Zeit der Vorzensur auszeichnen, gab es Possenspiele, von denen hier nur eine Disziplinarverfügung des Kommandanten Territorial-Kommando 3 vom 9. November 1944 geschildert werden soll, die zwischen Trauerspiel und Komödie hin- und herpendelt. Aus den Akten:

Am 21. Juli 1944 richteten sechs Journalisten der anglo-amerikanischen Presse ein Telegramm an den Chef des Eidg. Politischen Departements, Bundesrat Pilez-Golaz, in welchem sie «gegen die ungerechte Behandlung, die sie von Seiten der schweizerischen Telegraphenzensur erfahren müssen, besonders was die heutigen Ereignisse in Deutschland anbetrifft», protestieren. Dieses Telegramm wurde verschiedenen schweizerischen Zeitungsredaktionen, so u.a. auch der «Nation», zugestellt und zum Teil von diesen auch veröffentlicht. Am gleichen Tage erhielt Herr Pilez-Golaz noch ein Memorandum von 12 anglo-amerikanischen Journalisten, in dem es heisst:

«In der Abteilung Presse und Funkspruch wird eine Günstlingswirtschaft betrieben, ganz abgesehen davon, dass Personen, die keinen Hochschein von den legitimen Bedürfnissen der Weltpresse haben, an dieser Stelle massgebenden Einfluss ausüben. - Die Mehrzahl der alliierten Korrespondenten ist verpflichtet, Kopien ihrer Presseberichte an die Abteilung Presse und Funkspruch zu senden, während andere aus unerklärlichen Gründen von dieser Pflicht befreit sind.» Dieses Memorandum war von prominenten Auslandkorrespondenten unterzeichnet, u.a. den Vertretern der Associated Press, New York, der New York Times, des Daily Herald, von Time und Life, New York, des Daily Express, London, der Columbia Broadcasting, New York, der United Press, des Christian Science Monitor und anderen.

Alle diese Journalisten waren hochqualifiziert, denn es ist verständlich, dass die grossen ausländischen Zeitungen und Radiostationen während des Krieges nur ihre besten Leute in die Schweiz schickten, wo naturgemäss viele Informationen zusammenliefen.

Da die «Nation» wohl die von der Zensur am meisten behelligte Zeitung war, kam mir dieses Memorandum gerade recht. Ich publizierte Teile daraus unter dem Titel

«Räuber der Freiheit» (3.8.44), begleitet von scharfer Kritik an der Zensur, die ich als «Zwing-Uri-Burg am Giessereiweg Bern» bezeichnete. Eine Untersuchung wurde eingeleitet, die ihren Niederschlag in einer Disziplinarverfügung von 13 eng beschriebenen Schreibmaschinenseiten fand. Unterzeichnet von Oberst von Wattenwyl.
Angeklagt wurden neben mir mein Kollege Dr. Etienne Schnöller, die Journalisten Fritz Klein und Dr. jur. Berthold Wyler. Der Berg hatte eine Maus geboren. Die höchste Busse von Fr. 100.– kassierte ich, mein Kollege Schnöller die kleinste von Fr. 20.–; Fritz Klein und Berthold Wyler erhielten Bussen von Fr. 60.– und Fr. 40.–, weil sie das Memorandum mitunterzeichnet hatten.
Am 18. November 1944 reichte ich Beschwerde gegen die Strafe ein, worin ich schrieb:
«Ich erkläre, dass wie immer auch der Entscheid auf die vorliegende Beschwerde ausfallen wird, ich die mir auferlegte Busse auf keinen Fall bezahlen werde. Ich rechne es mir als Ehre an, im Jahre 1944 (!) für die Verteidigung des freien Wortes und für die Verteidigung der freien, demokratischen Kritik die mir auferlegte Strafe im Gefängnis zu verbüssen.
Die Disziplinarstrafverfügung ist meiner Ansicht nach ein einseitiger Racheakt gegen die unbequeme Kritik an der Praxis der Zensur. Ich muss es Ihnen überlassen, das zu tun, was Sie vor Ihrem demokratischen Gewissen und vor der schweizerischen – und der Weltöffentlichkeit verantworten können.»   gez. Peter Surava

Zwischenfrage

Solche Worte klingen heute etwas pathetisch und rufen nach Selbstkritik. Können sie nach fast 50 Jahren noch bestehen?
Am Ende eines langen Lebens fragt man sich, ob man es damals richtig gemacht hat, und man fragt sich auch, ob man es wieder tun würde. Wo liegen überhaupt die Beweggründe, wenn ein Mensch immer und immer wieder mit Situationen und Tatsachen zusammenstösst, die ihn ergreifen, packen, betroffen machen, die Mitleid oder Zorn wachrufen, so dass er mit gesenkten Hörnern Filzgeflechte aufreisst und nicht ruht, bis die Ordnung wieder hergestellt ist. Welche Ordnung? Müsste er nicht zuerst in sich selber Ordnung schaffen?
Weit davon entfernt, untadelig zu sein, viele Untugenden in sich verspürend, zu sehr nach aussen gerichtet, oft getrieben von einem ungezügelten Gefühlshaushalt, eher tollkühn als mutig, ein Motorradfahrer, der auch bei hoher Geschwindigkeit den Helm verweigert – was ist das für ein Mensch? Kind braver bürgerlicher Eltern ehemals bäuerlicher Herkunft, stark der Erde verbunden, stets schwankend zwischen Sesshaftigkeit und Freiheitsdurst, tief in der Natur verwurzelt, mit Bäumen, Bergen und Wäldern auf du und du lebend, Einzelgänger auf schwierigen Klettertouren und wiederum Liebhaber fröhlicher Geselligkeit. Warum wird dieser Mensch in nicht abreissende Verstrickungen getrieben, die sein Leben seit der Volljährigkeit bedrängen und beherrschen, Höhen und Tiefen schaffen, ihn nie loslassen, unablässig an ihm herumzerren und ihn immer wieder auf neue Fährten hetzen? Weder jagt er noch sucht er wie ein Spürhund, aber er findet unaufhörlich Neues, Unglaubliches und Unerwartetes. Beileibe kein Politiker, sondern einer, der jedes Angebot auf ein Amt oder eine politische Karriere fast mit Ekelgefühlen aus-

schlägt. Welche Motivation hält ihn am Leben? Ist es «dieses übertriebene, durch nichts zu verdrängende Gerechtigkeitsgefühl», das ein Priester und Astrologe so überdeutlich in seinem Horoskop zu erkennen glaubte? Wie immer es sei, es mag ein Teil des eigentlichen Wesens sein, des unausrottbaren innersten Kerns, dem man ein Leben lang nachspürt.
Die einzige Motivation, die ich als legitim erachte, ist die innere Haltung eines Schreibenden, der kämpft, Politik macht. Es ist nicht nur Mitleid, nicht nur verletztes Rechtsempfinden, sondern eine tief im Menschlichen verwurzelte Identität mit allem Lebenden, mit der Natur, den Tieren und den Menschen. Mit analytischer Vernunft kommt man nicht weiter, auch tiefes Mitleiden genügt nicht, auch Helfen nicht, denn Brot und Almosen sind wohl richtig, aber man muss versuchen, das Denken und Handeln der Menschen zu verändern, damit sie die Bilder von denen, die tagtäglich zugrunde gehen oder kaputtgemacht werden, nicht mit einem Seufzer am Fernsehschirm zur Kenntnis nehmen, sondern beginnen, Zusammenhänge zu erkennen und anders zu handeln.
Diese innere Haltung bekommt nur dann Sinn, wenn sie unausweichbar von einem Menschen Besitz ergreift. Das ist meine Erklärung – vielleicht auch Entschuldigung für das, was bisher gesagt wurde und noch zu sagen ist. Darum können keine Demütigungen und keine Niederlagen diesen Lebensnerv der Gerechtigkeit in meinem Wesen zerstören; ich kann nicht aufhören, mich dort einzumischen, wo Recht und Menschlichkeit geschunden und verletzt werden. Ich akzeptiere diesen Teil meiner Person wie ein Muttermal, das nicht ausgelöscht werden kann, wie eine chronische Krankheit, von der ich mich nicht selbst und durch nichts in der Welt «heilen» lassen kann und will.
Ich habe vieles gesehen. Zuviel. Mit Empörung, Ironie oder Zynismus konnte ich mich nie begnügen, denn ich kann die Abgründe in den Augen der misshandelten,

missbrauchten und ausgebeuteten Verding- und Anstaltskinder nicht vergessen, nicht die tiefe Resignation der Heimarbeiterinnen von Eriswil, die auf den Bänken vor ihren armseligen Häusern sassen und wortlos strickten, strickten und strickten, bis ihre schmerzenden Gichtfinger versagten. Frauen, die ihre Arbeit den gestrengen Augen eines Supervisors unterbreiten mussten, einen Stundenlohn von 10 Rappen erhielten und trotzdem in Ehrfurcht vor dem Herrn Fabrikanten erstarrten, der sich damit brüstete, einem Dorf Arbeit und Brot zu ermöglichen.

Nur wer dem Elend und dem Grauen selbst begegnet ist, kann ermessen, welche Veränderungen in einem Menschen vor sich gehen, der gelernt hat, nicht wegzusehen, sondern dem, was Menschen sich antun können, ins Gesicht zu blicken.

Als ich kurz nach dem Abzug der deutschen Einheit, die ohne besonderen Grund am 10. Juni 1944 das Dorf Oradour-sur-Glâne «ausradiert» hatte, in den Trümmern umherirrte, wurde mir klar, dass ich nach diesem Anblick nie mehr der sein würde, der ich bis zu diesem Augenblick gewesen war. Die Soldaten hatten die Bevölkerung auf dem kleinen Dorfplatz zusammengetrieben. Die Männer wurden auf der Stelle vor den Augen ihrer Frauen erschossen, die Frauen und Kinder in der Kirche eingeschlossen und diese in Brand gesteckt. Unter unsäglichen Qualen verbrannten die Unglücklichen bei lebendigem Leibe. Von 750 Einwohnern konnten sich nur wenige retten. Im ganzen Dorf fand ich kein unversehrtes Haus. Jedes Gebäude wurde einzeln angezündet. 327 von 328 Häusern wurden am Nachmittag des 10. Juni 1944 dem Feuer übergeben. Gefunden wurden 642 verbrannte und verstümmelte Leichen, darunter 207 Kinder. Viele waren nur noch schwer zu identifizieren. Die 3. Kompanie des Regiments «Der Führer», die SS-Panzerdivision «Das Reich» hatte «sauber» gearbeitet.

Die Aufschrift am Dorfeingang ist mir unauslöschlich ins Gedächtnis eingebrannt: «Ni haine ni oubli» (Kein Hass, kein Vergessen).
Ich habe den Leichengeruch aus den Bombenkratern auf dem Flugplatz von Lyon noch heute in der Nase, wo die deutsche Armee die Geiseln reihweise an die Ränder der Bombenkrater stellte und sie – Gesicht zum Massengrab – von hinten abknallte. Nie werde ich den Blick in den Krater vergessen, nie die Gesichter und Leiber der Toten. Viele hielten sich noch an den Händen, andere starben in enger Umarmung.

Wenn die «Neue Zürcher Zeitung» am 14. Januar 1953 einen Bericht von Prof. K. Weber über «55 Monate schweizerischer Pressekontrolle» zitierte, worin er die Berichte des Redaktor Surava «als eine neue journalistische Spezialität, als sensationelle Präsentierung ganzer, halber oder imaginärer Skandale» bezeichnet, so kann man darüber streiten.
Allerdings gab die «Neue Zürcher Zeitung» zu den Anwürfen Professor Webers einen fairen Kommentar, wie es sich für eine Zeitung von Rang und Namen geziemt. Da ich in der von Weber anvisierten Zeit, von 1940 bis 1944, die «Nation» praktisch im Alleingang redigierte, betrachte ich die Feststellungen der NZZ vom 14. Januar 1953 als eine mir völlig genügende menschliche und politische Rehabilitation:
«Abgesehen von der Erinnerung an innenpolitische Streitfragen und stilistische Eigenheiten darf und soll ein Nachruf auf die ‹Nation› auch ein Wort der Anerkennung für ihre klare schweizerische Haltung enthalten, die sie in der großen Linie nicht nur gegenüber allen rechtsextremistischen Treibereien, sondern auch gegenüber den von den

Anfechtungen des sozialistischen Utopismus heimgesuchten Kreisen an den Tag gelegt und in der jüngsten Zeit durch die aktive Gegnerschaft gegen den Kommunismus neu bestärkt hat. Die ‹Nation› hat gegenüber den Geldgebern und der Leserschaft, die sie während zwanzig Jahren am Leben erhalten haben, ihre Schuldigkeit getan.»

Ich verteidige mich nicht. Mein Motiv heisst Gerechtigkeit und Freiheit. Sie gehören zusammen wie Wein und Brot. Gerechtigkeit hier, nicht dort. Und nicht im Jenseits. Vielleicht klingt es merkwürdig: Aber gerade weil ich an eine unsterbliche Seele glaube, kann ich nicht anders. Die einen füttern hungernde Kinder in den Slums der Dritten Welt, die andern kämpfen mit der Feder. Das Wie ist belanglos. «Ohne Widerstand gegen die Ungerechtigkeit lebe ich ein Leben in der Lüge», wie Václav Havel sagt.

Irrtümer sind gestattet, nicht aber das verratene Gewissen.

BESSER VIEH ALS KNECHT

«Das Wahre muss man immer wiederholen, weil auch der Irrtum um uns her immer wieder gepredigt wird. In Zeitungen und Enzyklopädien, auf Schulen und Universitäten, überall ist der Irrtum obenauf, und es ist ihm wohl und behaglich im Gefühl der Majorität, die auf seiner Seite ist.»
Dieses Goethe-Zitat stand am Kopf der 1. Ausgabe der «Nation» des Jahres 1944. Es ist heute so aktuell wie damals und wird es wohl bleiben bis ans Ende der Menschheit.
Im Januar 1944, als die grösste Schlacht und Schlächterei der Geschichte bevorstand, erschien in der «Nation» auch ein ungezeichneter Leitartikel, dessen Schluss jedoch den unverwechselbaren Stil des Reiterschriftstellers und grossen Patrioten Hans Schwarz unschwer erkennen lässt:
«Billionen Lichtjahre waren wir nicht, und Billionen Lichtjahre werden wir nicht mehr sein, und diesen Augenblick zwischen zwei Ewigkeiten sollen wir nicht erfassen und das Äusserste vorkehren, um nicht gerade als Schlappschwänze und Nieten der Schöpfung wieder dahin zu fahren?»
Es war ziemlich sicher, dass die Schweiz das Kriegsende fast unversehrt überleben würde, doch grosse soziale Probleme waren leicht vorauszusehen. Noch gab es keine Altersversicherung, und unter der Decke der Wohlanständigkeit und eines gewissen Wohlstandes vegetierte eine gut getarnte Armut und eine geradezu kriminelle Ausbeutung und Misshandlung der Ärmsten der Armen.
Es gehörte aber zum guten Ton, darüber zu schweigen. Als mir aber durch Zufall und durch Notrufe von Betroffenen Einblicke in eine mir bis anhin unbekannte Schweiz möglich wurden, entschloss ich mich, nicht mehr der

schweigenden Mehrheit anzugehören und zu reden. Nicht etwa, um einige himmelschreiende «Einzelfälle», wie sie in der Sprache der Vertuscher genannt wurden, aufzuzeigen, sondern weil es Zeit wurde, Tatbestände aufzunehmen und ein neues soziales und menschliches Denken in Fahrt zu bringen. Heute wissen nur noch relativ wenige Schweizer und Schweizerinnen über den «Stand der Dinge» in den Kriegsjahren Bescheid.

Im März 1944 erhielt ich einen Telefonanruf: «Fahren Sie morgen unbedingt nach X. im Bernbiet. Dort gibt's einen interessanten Gerichtsfall.»

Paul Senn, der Meisterphotograph jener Zeit, steckte seine Leica, mit der er stets ohne Blitzlicht völlig unbemerkt photographierte, in die Manteltasche, und wir fuhren mit der Bahn in ein Dorf, dessen Name ich damals im Gerichtsbericht verschwieg, um das Dorf und seine Bewohner nicht unnötig zu belasten. Nicht verschwiegen habe ich den Namen jenes reichen Bauernpaares, das seinen einzigen Knecht Otto Bichsel fast zu Tode schindete.

Ich erinnere mich noch heute an die Atmosphäre des ländlichen Gerichtssaales, wo sich ein Schicksal aufrollte, wie es Gotthelf kaum düsterer hätte aufzeichnen können. Ich gab meinem Bericht den Titel «Besser Vieh als Knecht». Da er ein Stück Zeitgeschichte aus der Mitte des 20. Jahrhunderts ist, muss er hier wortgetreu wiedergegeben werden («Nation» No. 10/44):

«Das ist die Geschichte des Knechtleins Otto Bichsel. Er sitzt heute als Kläger auf der Gerichtsbank, und neben ihm sitzen seine Meistersleute als Angeklagte: Die Bäuerin Frau Witwe Gfeller und der Bruder ihres verstorbenen Mannes, der in seiner Wohngemeinde als jähzorniger Mann bekannte Gody Gfeller. Dieser schaut mit bösen Augen im Gerichtszimmer herum, und er hat seine Gründe dazu. Er hat seinen Knecht, den armen, gebrechlichen und überaus

gutmütigen Bichsel dermassen geschunden und geplagt, dass die Behörden den Peiniger von der Arbeit weg verhaften liessen und kurzerhand in Untersuchungshaft steckten, wo er nun anderthalb Monate über das erste und höchste Gebot Gottes nachdenken konnte. Was aber offensichtlich nicht viel gefruchtet hat, denn Gody Gfeller zeigt keinerlei Einsicht oder gar Reue. Er hat gar nicht das Gefühl, sein Knechtlein schlecht behandelt zu haben. Ja, er habe ihn schon einmal geboxt und auch einmal mit der Peitsche in seine Gichtbeine gezwickt, aber das sei nicht so schlimm gewesen. Der Bichsel sei halt jeweils einfach abgehockt, wenn er nicht mehr mochte. Das allerdings scheint sehr glaubhaft, wenn man vernimmt, dass Bichsel meistens vierzehn oder sechzehn Stunden arbeiten musste und von Nachbarsleuten oft nachts 11 und 12 Uhr noch auf dem Felde gesehen wurde, wo er dann manchmal vor Müdigkeit und Schwäche einfach zusammenbrach und die ganze Nacht liegen blieb. Er habe ja immer das Haus offengelassen, meint der Gfeller-Gody gnädig...
Auch dass er dem Knecht erst zu essen gab, wenn diese und jene Arbeit getan sei, das findet er gar nicht absonderlich. Und Bichsel, den die Nachbarsleute sehr oft sahen, wie er in jeder Hand eine Sense als Krücke benützend, aufs Feld zur Arbeit humpelte, war abends jeweils so müde, dass er nicht mehr die Kraft hatte, die drei Meter Stiege in seine armselige Kammer hinaufzusteigen und einfach unten liegen blieb.
‹Habt Ihr denn das nie gesehen?› frägt der Richter den Gody.
Nein, da war der Gody jeweils eben bereits im Bett.
‹Und habt Ihr dem Bichsel nie gesagt, er sei ein fauler Chaib?› frägt der Richter weiter.
Er habe mehr als einmal gesagt, er könne mehr arbeiten.
‹Wir wollen aber die ganze Wahrheit wissen!› insistiert der Richter.

Der Gfeller Gody ist aber nicht davon überzeugt, dass er einmal gesagt hat, Bichsel sei ein fauler Chaib, hingegen erinnert er sich, ihn geboxt und ihm mit der Peitsche über ‹d' Haxe zwickt z'ha›.
Und ob es ihm nicht aufgefallen sei, dass der Bichsel schwach und gebrechlich war?
Doch schon, aber Bichsel habe nur immer über die Beine geklagt (weshalb er ihm wohl mit der Peitsche hin und wieder eins darüber zwickte!).
Als aber dann schliesslich die Behörden von diesen Zuständen Kenntnis erhielten und der Landjäger den armen Bichsel in vollkommen erschöpftem Zustande, mit über und über zerrissenen Hosen und mit einem Hemd, das ihm in Fetzen vom Leib hing, auf einem Fuhrwerk abholen und ins Armenhaus bringen musste, da rief der Gody Gfeller dem armen Bichsel noch zu: ‹Gäll Otti, du hesch dä bi üs nüd z'chlage...? Worauf der gutmütige und verängstigte Bichsel zur Antwort gab: 'Nei, nei...'›
Die Untersuchung aber förderte dann die Wahrheit zutage. Der Landjäger, der auf eine Mitteilung des Regierungsstatthalteramtes Bern eine Untersuchung durchführte, erzählt, dass die Nachbarsleute diese Zustände schon lange beobachtet hätten, dass jedoch niemand einzuschreiten wagte aus Angst vor dem bösen Gody Gfeller. Ein Zeuge hatte sogar Angst, der Gody würde ihm das Haus anzünden, wenn er gegen ihn auftrete. Der Landjäger, der dann Bichsels Bude aufsuchte, musste feststellen, dass dort eine unglaubliche Unordnung herrschte. Die Kleider lagen dreckig und nass am Boden herum, und darüber breitete sich eine Schicht Staub und Dreck, die 4 bis 5 Zentimeter dick war! Kein ganzes Hemd und keine ganze Hose war vorhanden. Die Hudeln hätte man im Armenhaus grad verbrannt...
36 Jucherten hat das Heimet und 19 Stück Vieh.
‹Hätte Bichsel diese Arbeit bewältigen können, wenn er ganz gesund gewesen wäre?› frägt der Richter.

Bei weitem nicht! Der Hof habe übrigens rentiert, meint der Landjäger, und Gfellers hätten wohl noch einen zweiten und dritten Knecht anstellen können. Ein Zeuge aus der Nachbarschaft, ein währschafter Bauer, ist der Ansicht, dass für dieses Heimet drei bis vier gesunde, starke Knechte nötig seien!
Es war also angenehmer, bei Gfellers ein Stück Vieh zu sein als ein Mensch!
Jawohl, so war es! Das Leben Bichsels war menschenunwürdig.
Und nun wirft Gerichtspräsident Dr. Trösch, der die Untersuchung mit viel menschlichem Verständnis und gerechter Strenge führt, dem Gody Gfeller die Maschen des Gesetzes über den Kopf:
‹Wenn es so weitergegangen wäre, dann wäre Bichsel infolge Überanstrengung eines Tages einfach tot liegengeblieben!›
Und Gfeller muss zugeben, dass die Arbeit für Bichsel ‹zuviel› war. Man habe ja gesehen, dass er gebrechlich sei. Damit hat sich der Angeklagte hoffnungslos im Netz des Artikels 135 verfangen, der da heisst:
‹Wer aus Selbstsucht oder Bosheit einen gebrechlichen Angestellten so überanstrengt, dass dessen Gesundheit eine Schädigung oder Gefährdung erleidet, wird mit Gefängnis oder Busse bestraft.›
Man wundert sich jetzt nur noch, was die Meistersfrau, die eigentlich in erster Linie verantwortlich wäre, dazu zu sagen hat. Und nun stellt sich zu allem Elend noch die Ungeheuerlichkeit heraus, dass der arme Bichsel für seine Schinderei und Schufterei während 22 Monaten nicht einen einzigen Rappen Lohn erhalten hat. Er hätte keinen verlangt, meint die Meistersfrau, und sie habe ihm dafür jeweils Tubak gekauft! Diesen Tubak, und überhaupt alles, was Bichsel brauchte, hat die Frau aber fein säuberlich in ein Büchlein geschrieben. Ihm den Lohn zu zahlen, das jedoch hat sie vergessen!

Den Tubak aber brauchte der Bichsel zum Schiggen, um damit den Hunger besser vertreiben zu können, wenn er jeweils (auch sonntags!) oft nach 11 Uhr nachts noch Gras mähen musste.

Man begreift, dass der Richter mit dieser Bäuerin, die jede frauliche Tugend vermissen lässt, scharf ins Zeug fährt und ihr das sagt, was ihr gesagt werden muss. Dass es ihre Pflicht als Meistersfrau gewesen wäre, dem Bichsel für Wäsche und Kleider zu sorgen, ihm Lohn zu geben und überhaupt zum Rechten zu sehen, und dass es ganz bedenklich sei, wenn man einem Knecht keinen Lohn zahlt, ihm noch jede Kleinigkeit aufzuschreiben – sogar die Schuhsalbe!

Die Zeugen, die in grosser Zahl auftreten, bestätigen alles, was die Untersuchung zutage gefördert hat, ja das Bild wird immer düsterer. Das medizinische Gutachten, das aussagt, dass eine schwere Verkrümmung der Wirbelsäule vorliege und das rechte Knie geschwollen, die Rotationsfähigkeit des linken Beines fast verunmöglicht sei und dass die Behandlung Bichsels den ‹schicksalsmässigen Ablauf› seiner Krankheit beschleunigt habe, wirkt eher naiv, wenn man sieht, dass es selbst für den Laien klar ist, dass Bichsel in hohem Masse gebrechlich ist und ohne Zweifel durch eine solche Behandlung schweren Schaden nehmen musste. Gelenkschwellungen werden bekanntlich durch Liegenbleiben auf dem Felde nicht besser, Herr Doktor! Man hätte lieber gehört, wie der ‹schicksalsmässige Ablauf› von Bichsels Krankheit hätte gehemmt werden können, wenn Bichsel anständig behandelt und vielleicht auch ein wenig gepflegt worden wäre!

Die Verteidigung der beiden Angeklagten ist so schwach und haltlos, dass sie hier nicht erwähnt zu werden braucht. Das Urteil über die beiden Bauersleute Gfeller ist hart, und das ist recht so. Sie haben es reichlich verdient! ‹Das sind Zustände, die ein Jeremias Gotthelf geschildert

hat, die aber in einem fortschrittlichen Kanton im 20. Jahrhundert nicht mehr vorkommen dürfen›, sagt der Richter mit Recht. ‹Als Richter berührt mich dieser Fall schmerzlicher, als wenn einer vor mir stünde, der drei Velos gestohlen hätte. Das Rechtsgut des sozial Schwachen muss dem Richter heilig sein! Man muss es fast bedauern, dass diese mittelalterlichen Zustände nicht auch mit mittelalterlichen Methoden – zum Beispiel dem Pranger – bestraft werden können.›
Das sind harte, aber gerechte Worte, und das Urteil, das den Gody Gfeller zu dreieinhalb Monaten unbedingt, 100 Franken Busse, und Frau Gfeller zur gleichen Dauer, aber bedingt, verurteilt, scheint mehr als gerechtfertigt. Frau Gfeller bekommt zu dem noch eine Busse von Franken 600.- aufgesalzt. Man muss Geizhälse dort treffen, wo sie es spüren.
Schade sei es, meint der Richter, dass der brave, ‹willige und billige› Bichsel nicht eine Schadenersatzforderung, die er ihm gerne zugesprochen hätte, gestellt habe...
Es wird halt immer so bleiben: der arme Teufel, der gutgläubige und naive, der sich keinen Antwalt leisten kann, bleibt eben ewig der Dumme. Glücklicherweise hatte das arme Knechtlein einen Richter, der seinen Fall mit viel menschlicher Wärme und Verständnis behandelte.
Und Bichsels Lohn? Nach anderthalb Monaten Untersuchungshaft entschloss sich der Gody Gfeller mit seiner sauberen Schwägerin notgedrungen, dem Bichsel für die 22 Monate einen Monatslohn von 90 Franken nachträglich auszurichten. Wäre Bichsel gestorben – wer hätte je danach gefragt.»

Das erstarrte Gesicht des Knechtleins Otto Bichsel verfolgte mich. Seine erloschenen Augen zeigten weder Freude noch Genugtuung über die Verurteilung seiner

Peiniger. Ich entdeckte, dass allzulange enttäuschte und missbrauchte Menschen ähnliche Gesichtszüge bekamen. Es gab also in aufgeklärten, modernen Ländern, die sich ihrer humanitären Leistungen rühmten, noch immer Leibeigene, deren Identität zerstört wurde, die keinen Funken Widerstandskraft mehr besassen und mutlos dahinvegetierten. Es gab, so stellte ich erschrocken fest, in der landwirtschaftlichen Dienstbotenfrage eine Art stiller Sklaverei; biedermännisch getarnte, kleine Konzentrationslager, wo ein versteckter Terror das Leben Hilfloser auf unmenschlichste Art ausbeutete und zerstörte.

Ein erschütterndes Beispiel begegnete mir bei den unglücklichen Verdingkindern.

NUR EIN VERDINGBUB

Wenige Wochen nach dem mittelalterlich anmutenden Gerichtsfall um den Knecht Otto Bichsel wurde ich zufällig unfreiwilliger Zeuge eines Gesprächs zwischen einem Unbekannten und einer Dame, die mit Vorliebe über soziale Probleme auf der «Seite für die elegante Dame» schriftstellerte. Man sprach über die «Nation». Der Unbekannte, offenbar ein Freund unseres Blattes, kam auf unseren Bericht über den armen, von seinen Meisterleuten fast zu Tode geschundenen Knecht Bichsel zu sprechen. Er meinte, es sei notwendig, dass solche Dinge an die Öffentlichkeit kämen. Die Dame aber war ganz anderer Meinung: Dieser Bericht sei doch eigentlich eine Hetze gewesen und das Ganze viel zu gross aufgezogen, schliesslich habe es sich doch nur um einen Knecht gehandelt...
Inzwischen hatte ich etwas erlebt, was mich als Menschenschicksal mehr ergriff als vieles, was mir bisher unter die Augen gekommen war. Den Bericht darüber leitete ich mit einer sarkastischen Bemerkung an die Adresse meiner Kollegin von der «Seite für die elegante Dame» ein: «Nun, sehr verehrte Dame, ich bin trotzdem wieder gezwungen, einen Bericht zu schreiben, den Sie vielleicht erneut als Hetze bezeichnen werden, besonders da es sich hier nicht einmal um einen Knecht, sondern ‹nur› um einen Verdingbub handelt!»
Auch dieser Bericht muss aus dokumentarischen Gründen im Wortlaut erscheinen. Nach meiner Rückkehr am Abend in die Bundeshauptstadt war ich so erregt, dass ich zu später Stunde noch auf die Redaktion ging und die Reportage in derselben Nacht in die Maschine schrieb. In der nächsten Ausgabe der «Nation» vom 22. Juni 1944 bat ich die Leser, mit mir die Fahrt, beziehungsweise die

traurige Geschichte, die zugleich die Aufdeckung eines üblen Verbrechens zur Folge hatte, mitzuerleben.

«In Langenthal steigt man in ein kleines, mit einem alten Stahlross versehenes Züglein. In Madiswil steigen wir aus. Wir suchen den Verdingbub Fritz Reinhard, kurz Chrigel genannt. Da kommt uns ein barfüssiger Bauernbub entgegengesprungen. Ob er den Chrigel kenne, fragen wir. Nein, den kennt er nicht. Aber ob er einen Lehrer oder eine Lehrerin kenne, die so und so heissen? Jawohl, die kennt er, aber die seien im nächsten Dorf. Eine gute halbe Stunde.

Es ist ein heisser Sommertag. Gewitterwolken stehen am Himmel. Wir nehmen den Rock über den Arm und öffnen die Kragen und marschieren auf der schmalen, staubigen Strasse bergauf gegen Mättenbach. Freundliche, behäbige Häuser. Üppige Matten mit hohem, blumigem Gras, das sich sanft im Winde wiegt. Überall internierte Italiener. Es ist der Tag der Invasion. Sie sind ausser sich vor Freude und arbeiten mit Feuereifer auf den Feldern. Die Bauern sind zufrieden mit ihnen: Willkommene Helfer, jetzt, da viele unserer Soldaten unter den Waffen stehen.

Bescheiden und freundlich rufen sie uns ihr ‹buon giorno› zu, während uns die heisse Junisonne den Schweiss auf die Stirne treibt.

Wir nähern uns dem verstreuten und behäbigen, in die Hügel gebetteten, breitdachigen Dorf. Alles glänzt vor Sauberkeit und Wohlhabenheit, und doch wissen wir, dass sich in einem dieser prächtigen Bauernhäuser jahrelang ein düsteres Drama abgespielt hat, ein Verbrechen, über das bereits Gras zu wachsen begann. Gras, gedüngt mit Geld und guten Worten. Aber davon später. Wir suchen jetzt den Chrigel.

Freund Senn steuert auf das blitzsaubere Schulhaus zu. An den oberen Fenstern sind weisse Vorhänge – sicher wohnt der Lehrer auch darin. Wir treten ein, über eine Holztreppe in einen dunklen Gang, klopfen an eine der Türen, und auf

ein kräftiges ‹Herein› treten wir in eine saubere Küche, wo ein junger Mann mit einer Pfanne hantiert. Jawohl, er sei der Lehrer. Was die Herren möchten? Die Herren, die gar keine ‹Herren› sein wollen, möchten mit dem Herrn Lehrer ein paar Worte reden, ob er Zeit habe? Natürlich hat er das, und wir werden in die hübsche Stube des Landschulmeisters geführt, mit Büchern, Klavier und Kachelofen – die stille Sehnsucht des gehetzten Journalisten.
Den Chrigel? Ja, ja, den kennt er schon, der Lehrer. Er war bei ihm in der Schule. Er ist sogar zum Beistand des Buben bestimmt worden. Wir sind also am richtigen Ort. Der Lehrer merkt bald, dass wir mehr über den Chrigel wissen, als er ahnt. In der Tat: Wir wissen ja bereits alles, aber wir brauchen Beweise und Bestätigungen. Und nun erhalten wir sie.
Vier Jahre war Chrigel beim angesehensten und vermutlich reichsten Bauern des Dorfes verdingt. Oft schien dem Lehrer, es könne mit dem Bub etwas nicht ganz stimmen, aber er war brav und anständig, und man kam dem stillen Kummer, der die Seele des Knaben offensichtlich bedrückte, nicht auf die Spur. Eines Tages aber kam Chrigel nicht zur Schule. Der Lehrer frug nach, beim Vater Chrigels, der mit einer grossen Familie in einem andern Dorf wohnt und beim Bauer, den wir hier einmal Chräjenberg nennen wollen. Dieser wusste Auskunft: Er sei heute in aller Frühe mit dem ‹Bregg› und dem Chrigel ins Spital nach ‹Langete› gefahren. Es sei nämlich etwas ganz Dummes passiert. Der Chrigel müsse operiert werden. Zudem habe er ja auch noch einen Leistenbruch, da könne man das auch gleich in Ordnung bringen.
Der Lehrer traute der Sache nicht so recht und nahm den Bauer ins Gebet. Ja, es sei wirklich eine dumme Geschichte. Die andern Buben hätten den Chrigel angestiftet zu allerlei sexuellen Dummheiten. Nun hätte das eine böse Infektion gegeben, und so habe er den dummen Buben eben mit dem ‹Bregg› grad ins Spital gebracht...

Jetzt traute der Lehrer der Sache erst recht nicht mehr. Auch der Vater Chrigels wurde misstrauisch und ging schnurstracks ins Spital, den Chrigel besuchen. Es brauchte lange und viel Überredungskunst, bis der Chrigel redete, dann aber kam es heraus, aus der zerquälten Seele eines unglücklichen Kindes: dass ihn der reiche Bauer und die reiche Bäuerin seit vielen Jahren fast tagtäglich auf die allerschlimmste sadistische Art sexuell missbraucht hatten. Seit Jahren litt der arme Bub unter einem schrecklichen Martyrium, ging an den Seelenqualen fast zugrunde, aber er getraute sich nicht zu reden.
Vater Reinhard wurde begreiflicherweise wütend und wandte sich an einen Arzt des Spitals. Dieser aber nahm eine ganz seltsame Haltung ein. Da könne man nichts machen. Schliesslich könne man dem Chräjenberg nichts beweisen, und man wisse ja, dass die Buben manchmal das Blaue vom Himmel herunter lügten. Vater Reinhard aber wusste, dass der Chrigel kein Lügner war. Er traute dem Arzt nicht und vermutete, der reiche Chräjenberg könnte hier vielleicht ein paar Banknötli zurückgelassen haben. Er ging zum Chefarzt, und in seiner Aufgeregtheit versprach er dem Chrigel eine tüchtige Tracht Prügel, wenn er nicht die Wahrheit sage. Der Chefarzt aber hielt zum armen Bub und erklärte dem Vater kategorisch, dass er den Chrigel nicht strafen dürfe, er sei unschuldig!
Nun wusste der Vater genug, und mit nicht geringem, berechtigtem Groll stellte er, der ärmste Mann im Dorf, ihn, den reichsten Bauern im Dorf, den Chräjenberg. Dieser verlegte sich aufs Abstreiten, aber der Vater gab nicht nach, bis er die Wahrheit wusste. Aber dann gab er eben doch nach – er, der ärmste Mann im Dorf, konnte den neuen Banknoten nicht widerstehen, und so begann das Gras, gedüngt mit Geld und guten Worten, bereits Wurzel zu fassen und über die traurige Geschichte des armen Chrigel zu wachsen. Doch: Es ist kein Garn so fein gesponnen, es kommt doch an die Sonnen!

Das ganze Dorf redete von der Geschichte. Es gab zwei Parteien. Da waren die Freunde des reichen und einflussreichen Chräjenberg, die im Wirtshaus und beim Jass berichteten, was da der Chrigel sage, sei dummes Zeug und eine Verleumdung, und da waren die andern, welche die Wahrheit kannten, sich aber nicht trauten, sie laut zu sagen. Es wurde getuschelt und geschwatzt, aber niemand unternahm das, was nötig gewesen wäre: Eine Anzeige einzureichen, um einen üblen Unhold mitsamt seiner verrohten Gefährtin der gerechten Strafe zuzuführen. Und das Gras wuchs weiter...
Aber es ist Sommer, und das Gras wird gemäht, und da kommen die Steine und Maulwurfshaufen zum Vorschein! Wir wandern weiter. Durch Feld und Wald, über Berg und Tal in ein anderes Dorf, dort wo der Vater Reinhard, der ärmste Mann der Gegend wohnt. Mitten in den blühenden Matten steht sein armseliges Stöckli. Ein Rudel Kinder kommt aus Türen und Fenstern. Vater Reinhard ist misstrauisch und misst uns mit nicht gerade freundlichen Blicken. Er hat auch keinen Grund, freundlich in die Welt zu schauen. Er selbst leidet an einer bösen Bronchitis, die ihn zu jeder schweren Arbeit unfähig macht. Seine Frau, erst von einer schweren Operation gesundet, muss am Morgen in aller Herrgottsfrühe auf die Bahn nach ‹Langete›, wo sie für einen Hungerlohn von 200 Franken im Monat arbeitet und erst spät abends wieder nach Hause kommt, müde und abgehetzt, nach Hause zu den vielen Kindern, die uns in überaus zerlumpten Kleidern und Schuhen umschwärmen. Sechzehn Kinder hat sie geboren die Frau, dreizehn sind am Leben und wollen Essen und Kleider haben. Der Mann ist dem Haushalt und den ‹Gofen› begreiflicherweise nicht gewachsen, und das in einer Armut, wie wir sie in diesem Lande noch nie gesehen haben. Die ganze Familie lebt in zwei Kammern. In einem Zimmer von 2 auf 3 Meter stehen 5 Betten, darin schlafen etwa 10 Kinder. Bettwäsche gibt es fast keine. Die Kinder

schlafen meist auf den rohen, zerrissenen Matratzen. Es ist ein trübes Bild, das sich uns bietet. Ein neues Kapitel: Die unbekannte Schweiz!
Und nun solle er uns ganz genau erzählen, wie das damals gewesen sei mit dem Chrigel!
Wir vernehmen, was wir schon wissen. Dreihundert Franken hat ihm der reiche Chräjenberg ‹In Sachen Chrigel› gegeben, und er glaubte, damit sei sein Verbrechen gesühnt. Soll man es dem armen Vater Reinhard übelnehmen, dass er, der vielleicht seit Jahren nicht mehr so viel Geld auf einmal gesehen hat, sich blenden liess vom Schein des Goldes. Dass er, als er die drei Hunderter sah, an das Brot und die Milch dachte und an die Kleider für seine vielen Kinder? Dass er sich betören liess vom Gedanken, einmal ein paar Wochen der schlimmsten Sorgen ledig zu sein? Er ist ein rechter Mann, trinkt nicht und gibt sich Mühe, aber es geht einfach nicht. Es fehlt begreiflicherweise an allen Ecken und Enden. Kann man es ihm übelnehmen, dass er seine Buben, wenn sie arbeiten können, verdingt? Verdingt, nur damit ein hungriges Maul weniger am Tisch sitzt. Oder liegt nicht die Schuld bei uns allen, bei den Zuständen, die es möglich machen, dass Tausende von armen Leuten auf dem Land ihre Kinder verdingen müssen. Was hat sich denn geändert seit den Zeiten der Sklavenhalter in unserer vielgepriesenen Zivilisation?
Jawohl, Vater Reinhard hat die dreihundert Franken genommen, aber er ist trotzdem der Meinung, dem Chräjenberg gehöre eine Strafe, und das meint auch der Chrigel, den wir nach weiterem zweistündigem Marsch über alle Höger in einem benachbarten Dorf beim Heuen antreffen. Kaum aus dem Spital entlassen, wurde er zu einem andern Bauern verdingt. Zu rechtschaffenen, braven Leuten, doch zu einem Lohn, der, wie Chrigel sagt, ‹nicht einmal für das Konfirmationskleid langt›, zu dreissig Franken im Monat! Dabei ist Chrigel ein grosser, kräftiger Bursch, der sicher fast soviel arbeitet wie ein Erwachsener. Jedenfalls soviel

wie die Internierten, die doppelt soviel verdienen wie er, der einheimische Verdingbub.
Da sitzt er nun vor uns auf dem kleinen Wagen. Die Bauern, Knechte und Mägde rings herum sind am Aufladen. Ein Gewitter ist im Anzug, aber sie sollen es jetzt einmal ohne Chrigel machen. Der muss uns jetzt Red und Antwort stehen, ohne Angst und Zaudern, es wird ihm nichts geschehen, ihm nicht, aber dafür dem Chräjenberg. ‹Dem gehört's auch›, sagt der Chrigel, und wir spüren, dass er, wenn er einmal noch grösser und stärker ist, vielleicht die fällige Rechnung selber begleicht. Vier Jahre seiner Jugend sind zerstört, zertreten und beschmutzt. Fast jeder Tag war eine Qual. Der Bauer war stark, er hat ihm die Hände gehalten, und die Meisterfrau hat mit dem Bub die übelsten Dinge getrieben. Man hat ihn mit Kuhdreck und Wagenschmiere eingerieben, man hat ihn ohne Kleider übers Feld gehetzt oder ihn am Geschlechtsteil ans Pferd gebunden. Es ist nicht angenehm, solche Dinge erzählen zu müssen. Viele ‹vornehme› Seelen werden es ‹shocking› finden – es tut uns leid – es muss gesagt sein, vielleicht hilft es, dass endlich einmal dem Verdingbubenwesen oder besser -unwesen gehörig auf die Finger gesehen wird, denn: Chrigel ist ja nicht der einzige! Es gibt noch viele Chrigel im Lande, die, wenn auch nicht auf diese Weise, so doch auf andere Art geplagt werden.
Warum hast du dich nicht gewehrt? Warum hast du nicht geschrieen, oder warum hast du es niemandem erzählt? Der Bauer war stark. Stärker als Chrigel. Die Meisterfrau, dieses Scheusal, ebenfalls. Man drohte ihm mit Schlägen, wenn er schreie. Und es jemandem sagen? Nein, das konnte er nicht, er habe sich geschämt.
Wir wissen genug. Dem Chrigel können wir jetzt nicht helfen. Seine zerquälte Seele können wir jetzt nicht heilen. Aber wir verlassen ihn mit der Versicherung, dass diese Schandtat bestraft wird. Das muss ihm fürs erste genügen.

Und nun kommt das Trübste an der Geschichte. So und so viele Menschen wussten von den schändlichen Taten, die an Chrigel verübt wurden. Die Schulbehörde, die Armenpflege, Ärzte, niemand aber hatte den Mut, den reichen, einflussreichen, grossmäuligen Chräjenberg zu stellen und ihn anzuzeigen. Lang ist die Kette der Mitwisser, der Mitschweiger und somit Mitschuldigen. Es wird nicht möglich sein, sie zusammen mit Chräjenberg auf die Anklagebank zu bringen, doch sie gehörten rechtens auch dorthin. Der Ortspolizist! Hat er nie etwas von der Geschichte gehört, die in allen Wirtschaften und sogar von allen Kindern in der Schule verhandelt wurde? Hat sich auch einer dieser Herren überlegt, welche moralischen Auswirkungen diese Geschichten auf die andern Kinder des Dorfes haben müssen?
Nein, sie haben alle geschwiegen. ‹Machid nüt, dir chöitit üch d'Finger bös verbränne mit em Chräjeberg!› Nun, wir wollen sehen, ob wir uns die Finger verbrennen.»

Auf den Fall Chrigel folgten die üblichen Reaktionen. Die zuständigen Behörden der Gemeinde Madiswil gaben eine Erklärung ab, worin sie sich mehrfach widersprachen. Es sei ihnen von den Zuständen am Pflegeplatz des Verdingbuben nichts bekannt gewesen, man habe aber schon vor dem Bericht der «Nation» polizeiliche Erhebungen angeordnet. Unsere Beschuldigungen an die Schul- und Armenbehörden wurden zurückgewiesen. Wir konnten jedoch einwandfrei beweisen, dass der Lehrer gerade diese Behörden über die an Chrigel begangenen Scheusslichkeiten schon frühzeitig informiert hatte. Doch weder er selbst noch seine Behörde reichten Strafanzeige ein. Man verlegte sich im stillen Einverständnis aufs Vertuschen und Verschweigen. Wohl die läppischste

Frage stellte das «Langenthaler Tagblatt»: Warum denn nicht die «Nation» selber Strafanzeige eingereicht habe, statt einen «sensationellen Artikel» zu schreiben...

Ebenso unwiderlegbar konnten wir beweisen, dass erst einen Tag nach unserer Publikation ein Polizist beim Vater des misshandelten Buben auftauchte.

Die Voraussage, wir würden uns am Fall Chrigel die Finger verbrennen, traf nicht ein. Gründlich die Finger verbrannten sich diesmal die wahren Schuldigen.

Die Öffentlichkeit verlangte kategorisch die Preisgabe des Namens des beteiligten Bauern, den wir im Gerichtsbericht noch schonend als «Chräjenberg» bezeichnet hatten. Er hiess in Tat und Wahrheit N. Krähenbühl. Die den Fall behandelnden Ärzte wiesen jede Schuld zurück, und da wir den Fall nicht auf ein Nebengeleise abdrängen lassen wollten, gaben wir bekannt, da sie angeblich nicht in der Lage waren, das wirkliche Leiden des Verdingbuben «medizinisch einwandfrei» abzuklären.

Nachdem Krähenbühl im Laufe der Untersuchung ein teilweises Geständnis abgelegt hatte, wurde der Fall am 6. Dezember 1944 an das Geschworenengericht zur Aburteilung überwiesen. Im Berner Grossen Rat wurden von Regierungsseite unsere Vorwürfe an die Gemeindebehörden, die den Fall verschleppt hatten, ausdrücklich bestätigt. Krähenbühl wurde verurteilt.

WIE ICH ZUM «VORWÄRTS» KAM

Trotz aller Anfeindungen war mir die «Nation» ans Herz gewachsen. Ich konnte immer noch frei schreiben, wenn es auch an einigen mahnenden Stimmen nicht fehlte. Die Zensurjahre lagen mir noch schwer im Magen, so dass ich vermutlich auf Kritik eher übertrieben reagierte. Da ich alles andere als ein Geheimniskrämer bin, sprach es sich herum, dass ich nicht ganz abgeneigt sei, die «Nation» zu verlassen.

Zuerst meldete sich Manuel Gasser, Redaktor an der «Weltwoche». Wir kannten uns flüchtig von einigen Pressefahrten. Er besuchte mich in Bern und fragte mich, ob ich nicht Lust hätte, an der «Tat» mitzuarbeiten. Gottlieb Duttweiler möchte mich gerne kennenlernen. Er hätte den Auftrag übernommen, mit mir Kontakt herzustellen. Allerdings, so fügte Gasser lachend bei, werde es – wenn ich wirklich zur «Tat» gehen würde – einmal heissen, er hätte mich von der «Nation» weggeholt, weil die «Nation» eine immer grössere Konkurrenz für die «Weltwoche» werde. Sie hätten mich ganz gerne weg vom Fenster. Tatsächlich hatte ich die Auflage der «Nation» in drei Jahren von 8000 auf 115 000 Exemplare steigern können, was der «Weltwoche» nicht verborgen blieb.

Seine Offenheit war mir sympathisch, und ich vereinbarte mit Gottlieb Duttweiler eine Besprechung in seinem Büro an der Limmatstrasse, wo auch die Redaktion der «Tat» untergebracht war. Chefredaktor war damals Erwin Jaeckle, mit dem ich schon manchen journalistischen Strauss ausgefochten hatte.

Die Besprechung mit dem Grossen Mann der Migros ist mir unvergesslich. Er sagte mir unumwunden, dass er mich gerne bei der «Tat» sehen würde, weil ihm meine Schreibweise und mein Einstehen für die sozial Schwa-

chen gefalle. «Wir können doch noch so viel Gutes tun, Herr Surava.»
Wir verstanden uns auf Anhieb, und es wurde vorerst vereinbart, dass ich mit dem Chefredaktor besprechen sollte, welche Aufgaben ich bei der «Tat» übernehmen könnte. Jaeckle empfing mich kollegial, und ich meldete meinen Anspruch auf das Ressort «Aussenpolitik» an, die mich damals auf Grund der Weltlage sehr interessierte. Jaeckle war nicht dagegen, machte mich aber darauf aufmerksam, dass Gottlieb Duttweiler ebenfalls sehr an der Aussenpolitik hänge und immer wieder Beiträge dazu schreibe. Ich hatte einige davon gesehen, die mir etwas mühsam vorkamen, und fragte Jaeckle, ob Gottlieb Duttweiler sehr auf die Publikation seiner Artikel dränge. Statt einer Antwort öffnete Jaeckle die unterste Schublade seines Pults, wo ein ganzer Haufen Manuskripte lag. Nein, sagte Jaeckle, Gottlieb Duttweiler sei sehr tolerant, nicht eitel und überlasse es ganz ihm, was er bringen oder «versenken» wolle.
Trotz diesen ermutigenden Eindrücken empfand ich im Bienenhaus der Migros, der «Tat», des Landesrings und anderer Duttweiler-Schöpfungen so etwas wie eine Klaustrophobie. Ich war von meinem Einmannbüro bei der «Nation» sehr an ein ungestörtes Arbeiten gewöhnt und erbat mir einige Tage Bedenkzeit.
Als ich am Abend nach Hause kam, lag dort ein Telegramm des damals in der Sozialdemokratischen Partei ziemlich mächtigen Mannes, Paul Meierhans. Es lautete kurz und bündig:
Offeriere Redaktorenstelle beim «Volksrecht» Fr. 850.- Meierhans.
Das wollte ich nun auch wieder nicht. Noch hatte ich die Rotkreuzaffaire um Prof. Max Huber, die mir sehr schlecht bekommen war, nicht vergessen. Das «Volksrecht», welches die Geschichte zuerst publiziert hatte, schaute ruhig zu, wie der Sack gehauen und der Esel

geschont wurde. Die Schützenhilfe, die mir das «Volksrecht» damals gewährte, war mehr als dürftig.
Es ist mir immer schwer gefallen, stur in den Begriffen «rechts» oder «links» zu denken. Hingegen hielt ich immer viel von Schreibfreiheit. Wer mir diese garantierte, hatte mit mir wenig Schwierigkeiten. Zu wenig, wie sich zeigen sollte.
Manchmal fragt man sich, ob alles im Leben vorprogrammiert sei. Entscheidet man selbst, oder entscheidet das Schicksal? Was gereicht uns zum Glück, was zum Verhängnis? Heute, da ich diese Frage halbwegs beantworten kann, erkenne ich, dass damals das Verhängnis unentrinnbar seinen Lauf genommen hatte.
Beide Angebote, dasjenige von Duttweiler und jenes von Meierhans, hätten meine journalistische und politische Karriere vermutlich in ruhigere Bahnen gelenkt als das Unheil, das mir die Begegnung mit dem «Grand Old Man» der Linken, Karl Hofmaier, eintrug. Er hatte eben mit der berühmten Schauwecker-Million die PdA – Partei der Arbeit – aus dem Boden gestampft und wurde mir durch meinen Freund, den Dichter Hans Mühlestein, ins Haus gebracht. Ich schätzte Hans Mühlestein als einen Mann breiten Wissens, als feinsinnigen Petrarca-Übersetzer, als Verfasser des «Bauernkrieges» und hervorragenden Hodler-Biographen. Die Sprachgewalt seiner Gedichte und seiner Prosa beeindruckte mich, und ich war sehr gespannt, als er mir sagte, er möchte mit Hofmaier bei mir vorbeikommen, der mir ein ehrenvolles Angebot machen würde.
Später erwies sich, dass Mühlestein und ich ein ähnliches Schicksal erlitten. Er übernahm eine Professur in Ostberlin; voller Enthusiasmus wollte er sich in den Dienst des Sozialismus stellen. Einige Jahre später kehrte er, gebrochen und tief enttäuscht von den Methoden der SED, in die Schweiz zurück. Für einen freiheitlichen Geist seines Formats konnte dort kein Platz sein.

Der Abend mit ihm und Karl Hofmaier, so schien es mir damals, war eine Sternstunde. Das Gespräch mit dem legendären Revolutionär faszinierte mich. Nachdem er im Oktober 1927 von der faschistischen Geheimpolizei «Ovra» in Como verhaftet wurde, verbrachte er sieben Jahre in den schlimmsten Zuchthäusern Mussolinis, wo Hunger, Folter und Totschlag an der Tagesordnung waren.
Die Faschisten schickten ihn zur Verbüssung von drei Jahren Einzelhaft nach der Insel Santo Stefano. Nachher war er in den berüchtigten Kerkern von Alessandria, Imperia und schliesslich Civitavecchia. Zum «Spass», wie sie sagten, führten die Faschisten ihn zur Erschiessung, brachten ihn aber nach stundenlangen Wartezeiten wieder zurück in den Kerker, wo er während langer Zeit täglich nur ein Stück Brot und zwei Liter Wasser erhielt. Seine gesundheitlichen Schäden haben ihm bis zu seinem Tode schwer zu schaffen gemacht. Nur dem unermüdlichen Kampf seiner Frau Hedi Hofmaier gegen die Untätigkeit der Schweiz ist es zu verdanken, dass er 1934 freigelassen wurde. Er hat ihr in seinen Memoiren ein Denkmal gesetzt, das nur annähernd die innere Grösse dieser erstaunlichen Frau schildert. Dort sind auch Briefe in Faksimile wiedergegeben, die Hofmaier in seiner schönen und aussagekräftigen Handschrift an sie schrieb. Zwischen den sichtbaren Zeilen sind in blasser, aber noch heute gut lesbarer Schrift jene Zeilen zu sehen, die er mit Speichel geschrieben hatte. Der Text konnte mit einem warmen Bügeleisen und einem aufgelegten Leinentüchlein sichtbar gemacht werden und erschien dann in rotbrauner Farbe. Es ist erschütternd zu verfolgen, wie Bundesrat Motta in seiner lakaienhaften Verehrung für den Duce die Freilassung Hofmaiers hintertrieb.
Bei einer Flasche St.Emilion besprachen wir die Weltlage und die Möglichkeiten einer grossen freiheitlichen Linkspartei in der Schweiz, keine kommunistische Partei, die

war damals ohnehin verboten, sondern eine Partei für fortschrittliche Menschen aus allen Berufen und Kreisen. Man muss nur die Unterschriften unter dem Aufruf der Gesellschaft der Freunde der Sowjetunion lesen. Da findet man Namen von Rang, Künstler, Intellektuelle, Schriftsteller – auch viele, die einfach dankbar waren, dass die Sowjetunion uns vor dem Alptraum Hitler bewahrt hatte. Der Kalte Krieg war noch nicht ausgebrochen, die Hoffnung auf befreite Völkerfreundschaften weit verbreitet. Noch wurde Stalin in weiten Kreisen als Befreier und kluger Kriegsgegner geachtet. Noch wusste man nicht, dass er mit seinem eigenen Volk kaum besser umging als Hitler mit dem seinen.
Innenpolitisch hingegen war es offenkundig, dass es auch in der Schweiz Kreise gab, die mit den Nazis sympathisierten. Ein deutliches Beispiel dafür ist der verbürgte Ausspruch von Oberstdivisionär und Nationalrat Dr. Bircher, der mit der freiwilligen schweizerischen Ärztekommission an der deutschen Ostfront «kämpfte»: «Ich bitte Sie, Herr Generaladjudant (Bock), sagen Sie Ihrem Führer, dass wir ihm dankbar sind, wenn wir Schweizer mithelfen dürfen im Kampf gegen den Bolschewismus.»
In einer solchen Situation war es nur natürlich, dass sich bei uns wie in den umliegenden Ländern ein neues demokratisches Bewusstsein bildete. Die Idee einer neuen, grossen und unbelasteten Partei der arbeitenden Menschen lag auf der Hand. Die bisher verbotene alte Kommunistische Partei konnte diese Aufgabe so wenig erfüllen wie die sozialdemokratische Partei. So kam es denn am 21. Mai 1944 unter dem Vorsitz von Prof. Dr. A. Baumgarten im Hotel Post in Basel zu einer denkwürdigen Konferenz. Anwesend waren die Vertreter verschiedener Kantone, in denen bereits eine neue Partei der Arbeit (PdA) gegründet worden war. Die Leitung der Sozialdemokratischen Partei der Schweiz (SPS) hatte erklären lassen, dass sie eine Fusion oder Zusammenarbeit mit der PdA ablehne. Es

wurde beschlossen, eine schweizerische Partei der Arbeit zu gründen, was dann am 14. und 15. Oktober 1944 zum ersten Parteitag im Volkshaus Zürich führte.
Die Nachricht schlug in der politischen Landschaft der Schweiz wie eine Bombe ein. Mich interessierte vor allem die neue aussenpolitische Lage der Schweiz, die ausgiebig zur Sprache kam. Die Schweiz würde bei Kriegsende nicht mehr von Diktaturen, sondern von erstarkten Demokratien umgeben sein. Eine von Pilet-Golaz geführte Aussenpolitik war nicht mehr denkbar. Auch Bundesrat von Steiger war für viele Schweizer zu einer unerträglichen Belastung geworden. Im Herbst 1944 schlug der Bundesrat der Sowjetunion in einer Note die Aufnahme diplomatischer Beziehungen vor. Die Offerte wurde von Moskau rüde abgelehnt mit der Begründung, die Schweiz habe in der Vergangenheit eine betont antisowjetische und profaschistische Politik betrieben.
Die Gründung einer neuen Linkspartei stiess in weiten Kreisen auf Zustimmung. Schon bald hatte die Partei über 10 000 Mitglieder, eine Zahl, die sich rasch der Verdoppelung näherte. Eine politische Kraft hatte sich etabliert, die nicht mehr zu übersehen war. Diese Partei brauchte eine eigene Zeitung, und Hofmaier war entschlossen, mich für den Aufbau und die Leitung dieser Zeitung, des neuen «Vorwärts», zu gewinnen. Er verstand es, mich davon zu überzeugen, dass eine Entwicklung von rechts nach links nur natürlich sei und dass ich bei der Presse der PdA den bei der «Nation» gepflegten unabhängigen und sozialen Journalismus in voller Freiheit werde weiterführen können. Ausserdem werde die Partei ganz auf dem Boden der Demokratie und der Unabhängigkeit unseres Landes stehen. Die Zeitung sollte zuerst in Genf als deutschsprachige Wochenzeitung und später als Tageszeitung in Basel erscheinen. Ausserdem sollte ich mithelfen, eine neue satirische Zeitschrift aufzubauen, zusammen mit C.F. Vaucher und mit namhaften Künstlern aus der ganzen

Schweiz, die bereits ihre Mitarbeit zugesagt hatten, darunter Lindi, Charles Hindenlang, Otto Staiger, Irène Zurkinden, H.U. Steger, Max Sulzbachner, Hans Erni, Varlin und viele andere.
«Muss ich Parteimitglied werden?» fragte ich Hofmaier.
«Nicht, wenn Sie nicht wollen. Ich brauche einen guten Journalisten wie Sie. Unter den alten Kommunisten gibt es das nicht. Die Wochenzeitung redigieren Sie völlig frei; niemand wird Ihnen dreinreden. Die Parteipolitik machen wir selbst, Sie brauchen sich nicht darum zu kümmern. Behandeln Sie menschliche und soziale Probleme wie bisher.»
Ich vertraute ihm, weil er ein gescheiter, sehr kultivierter Mann war, die besten Konzerte besuchte und Sinn für Kultur und Literatur hatte. Weder er noch Hans Mühlestein haben mich menschlich enttäuscht. Doch die alten Kader der KP brachten es fertig, einige Jahre später den von ihnen früher hochverehrten Revolutionär aus der PdA auszuschliessen. Noch war es aber nicht soweit.
Es mag naiv erscheinen, dass mir damals die Tatsache einer freien Publikationsmöglichkeit wichtiger erschien als der Verdacht, ein verkappter Kommunist zu sein. Ich war mit Leib und Seele Journalist, und das in einer Zeit, in der diese Berufsbezeichnung noch mit echten Idealen verbunden war.
Wenige Tage später trafen wir uns in Basel beim Rechtsanwalt Hofmaiers, Dr. Walter Wellauer. Dieser, ein bürgerlicher Politiker, ehemals Grossratspräsident der Bauern-, Gewerbe- und Bürgerpartei, ist beispielhaft für die Tatsache, dass auch hervorragende Leute aus bürgerlichen Kreisen zur PdA stiessen, die damals einem echten politischen Bedürfnis entsprach.
Es wurden zwei Verträge geschrieben und unterzeichnet. Einer sicherte mir die Redaktion des «Vorwärts» zu, der zweite die Verlagsleitung der geplanten satirischen Zeitschrift «Der grüne Heinrich».

Als wir mit einem Schluck Beaune auf das Vertragswerk anstossen wollten, kippte durch eine Fehlbewegung die Flasche um und hinterliess auf den Dokumenten einige rote Siegel. Wir lachten, doch unwillkürlich kam mir das Sprichwort in den Sinn: «Der Wein schämt sich nicht, wenn er kluge Leute zu Narren macht.»
Ich fragte nach der finanziellen Absicherung und schlug eine Bankgarantie vor. Hofmaier erklärte, das sei leider nicht möglich, da er die vorhandenen Mittel für den Aufbau der Presse brauche, doch könne mir Dr. Wellauer seinerseits eine Garantie für die Einhaltung meiner Verträge bieten. Es sei ja undenkbar, dass er als angesehener Anwalt seine gutgehende Praxis aufs Spiel setzen würde.
Ich wollte nicht zurückkrebsen, denn die bevorstehende Arbeit reizte mich zu sehr. Allerdings war ich etwas erstaunt, dass auch dieser gewiegte Anwalt die Gelder, die Hofmaier aus Industriekreisen erhalten hatte, masslos überschätzte. Sicher war eine Million Schweizerfranken damals viel Geld, doch wer auch nur ein bisschen kaufmännisch rechnen kann, musste erkennen, dass bei den hochfliegenden Plänen Hofmaiers ohne eine zweite und dritte Million die Pleite kaum ausbleiben konnte. Geplant waren neben den Presseorganen mehrere interne Informationsblätter und ein grosser Buchverlag, der bereits auf vollen Touren lief. Etwas viel auf einmal, doch auch diese Fehleinschätzung ist heute nur durch die politische Euphorie jener Tage erklärbar. Die Partei war in stürmischer Entwicklung, und wenn der Freund Hofmaiers, Hans Schauwecker mit seiner Industriegruppe, jetzt eine Million springen liess, würden noch andere Schweizer Kapitalisten, die mit der siegreichen Sowjetunion ins Geschäft kommen wollten, nachziehen. So lautete die Legende.

ABSCHIED VON DER «NATION»

Nach den Weihnachtstagen 1944 räumte ich mein Redaktionsbüro bei der «Nation», nachdem ich mich von meinen Kollegen und den Mitarbeitern verabschiedet hatte. Der leitende Angestellte der Administration entschuldigte sich, gab mir aber bekannt, dass er bei der Räumung meines Büros anwesend sein müsse. Ich lachte, doch bereits geisterte ein gewisses Misstrauen durch die Gegend. Noch war es nicht ruchbar geworden, wo ich weiterarbeiten würde, doch verschiedene Gerüchte waren im Umlauf. Ich übergab dem jungen Mann die Schlüssel, warf noch einen letzten Blick auf den verwaisten Arbeitsplatz, nahm meine eigene Schreibmaschine, meinen Eispickel und das Bergseil, die noch in einem Wandkasten lagen, und verliess mit einem lachenden und einem weinenden Auge das mir lieb gewordene Büro an der Effingerstrasse 14 in Bern. Meine Freunde, die Journalistin Trudi Weber und ihr Freund Peter Wyrsch, die beide an der «Nation» mitgearbeitet hatten, begleiteten mich zu einem Abschiedstrunk. In der ersten Ausgabe des nächsten Jahres, am 10. Januar 1945, zeichnete mein Kollege Dr. Etienne Schnöller nunmehr allein für die Redaktion. Er war mir ein lieber Freund geworden, von dem ich nur ungern Abschied nahm. Er griff eher selten zur Feder, doch wenn es geschah, waren seine Beiträge von hoher Qualität und von vornehmer Haltung. Er hat mir einen Abschiedsartikel gewidmet, der hier nicht nur aus persönlichen Gründen wiedergegeben wird, sondern weil er einiges ins richtige Licht rückt, was bei den späteren heftigen Auseinandersetzungen mit der «Nation» unters Eis geriet. Obschon er später nichts für mich tat, hat er sich doch geweigert, irgendetwas gegen mich zu unternehmen. Es gibt von ihm keine einzige Zeugenaussage, die mich hätte

belasten können. Auch meine heftigsten Angriffe, mit denen ich ihn aus dem Busch locken wollte, hat er überhört. Er wollte sich an den Machenschaften gegen den Freund nicht mitschuldig machen, aber durch sein Schweigen hat er mir auch nicht geholfen. Er wusste es; und als wir uns viele Jahre später wieder trafen, gestand er mir, dass er nicht anders handeln konnte. Er hätte sonst seine Stellung bei der «Nation» verloren. Da er in späten Jahren noch eine junge Frau geheiratet hatte, musste er den Freund der Sorge um seine Kinder opfern. Trotz dieser für mich schmerzlichen Haltung, habe ich ihm meine Freundschaft über seinen Tod hinaus bewahrt. Er schrieb damals unter dem Titel «Mensch und Idee»:
«Peter Surava hat die Redaktion unseres Blattes zu Beginn des neuen Jahres verlassen.
Wir nehmen von unserem fröhlichen Freund, von unserem Mitstreiter und langjährigen Kollegen mit ehrlicher Ergriffenheit Abschied. Dem von uns Scheidenden jedoch so etwas wie einen Nekrolog zu schreiben, hüten wir uns! Peter Surava, der noch in der Vollkraft seiner Jugend steht, gedenkt in keiner Weise, dem Leben mit seinen Freuden und mit seinen Sorgen Valet zu sagen. Er verbäte sich einen Abschied, der nach dem süsslich-widerlichen Duft von Chrysanthemen und zu Totenkränzen gewundenen Lorbeerblättern röche. Er würde wütend und sogar grob, würden ihm Trauerreden gehalten, wie es zu tun üblich ist am Sarge wehrloser Abgeschiedener, die man gestern noch schmähte und die man heute, da sie sich nicht mehr rühren können, als Tugendbolde und Idealbilder des Menschengeschlechtes schildert.
Unser lieber Su. geht von uns fort, weil er vorerst ein Leben der ungebundenen, persönlichen Freiheit vorzieht einem solchen der Pflichten und natürlichen Gebundenheiten eines Redaktors. Ein solcher Wunsch und Wille nach den weiteren Prärien einer mehr naturhaften Freiheit bleibt sein gutes Recht. Bei Menschen wie Su. muss

das verstanden werden. Wem der Galopp als natürliche Gangart in den Knochen liegt, den stören Räume, die mit Zäunen und Marksteinen abgesteckt sein müssen, weil unser kleines Land kein solches der unbegrenzten Möglichkeiten ist. Das also zeigt sich als Grund, weshalb unser Su. Abschied nimmt. Wir wünschen ihm von ganzem Herzen gute Fahrt, wenn er jetzt, ausgreifend nach dem Dunkel einer fremden Ferne, uns verlässt, einer Ferne, die wir nicht kennen und vor der wir andern eher Scheu denn Freude empfinden.

Welche Begabungen unserem Kollegen geschenkt wurden, das brauchen wir unseren Lesern nicht zu schildern. Er teilte seine Kostbarkeiten mit vollen, gerne gebenden Händen unter die grosse Gemeinde unserer Leser fast wöchentlich aus. Wir wussten es immer, nicht jeder schätzte sie gleich hoch ein. Aber als sein unbestrittenes Verdienst werden die grossen Berichte bleiben, in welchen er mit schonungsloser Offenheit die sozialen Missstände einer leider nur zu wenig bekannten Schweiz schilderte. Solche Leistungen wachsen niemals nur heraus aus dem brillanten Können eines Mannes, der sein Handwerk versteht. Sie liegen tief unten verwurzelt im Urgrund einer gütigen, empfindsamen Seele, einer Persönlichkeit, deren Gefühle und deren Leidenschaft zum christlichen Mit-Leiden noch wach und lebendig blieben. Seine Kraft, der auch seine Gegner die Achtung nicht versagen konnten, stieg durch einen tiefen Schacht empor, der die Energien aus einem glühenden Herzen holte. Leute, die nur Rauch und Schlacken sahen, waren oft gegen ihn eingestellt, andere wieder, die nur die rotglühende Edelmasse quellen sahen, wurden seine Freunde und Verehrer. Auch wir, das brauchen wir niemandem zu verhehlen, waren nicht immer und überall seiner Meinung. Wie könnte es auch anders sein. Aber dort, wo seine Sprache diejenige seines Herzens blieb, da waren wir alle mit ihm einig, mochten ihn andere noch so schmähen. Ein derart noch vulkanischer Mensch liegt begreiflicherweise mitten in seiner Entwicklung. Wohin diese führt, das wissen wir nicht. Menschen können kommen und können gehen, sie können leuchten in der Nacht menschlicher Unzulänglichkeiten, und sie können erkalten und vergessen werden trotz all ihrer Verdienste. Das alles bleibt für die Menschheit, ja nicht einmal für unser Land wichtig. Wir wollen unserem Peter Surava, den wir, so wie er nun einmal ist, schätzen, Dank sagen für all das, was er für die Armseligen und Beladenen unserer Bezirke getan hat im Namen der Menschlichkeit. Wir wollen ihm Dank sagen für all das, was er in einer Welt der Ängstlichkeit und übertriebenen Vorsichten getan hat für die Freiheit, wir wollen ihm weiterhin Dank sagen für all das, was er trotz Macht und Gewalt getan hat für die tiefe und friedliebende Weltanschauung unserer Demokratie, und zum Schluss, als dem Unwichtigsten, wollen wir ihm danken für die Verdienste, die er uns, der ›Nation‹, geleistet hat. All diesen Dank verdient Peter Surava.»

Wenn man einen vertrauten Arbeitsplatz verlässt, hält man Rückschau und fragt sich, wieviel man von seinen Zielen und Idealen verwirklichen konnte. «Die Nation» war, als ich zu ihr stiess, fast sieben Jahre alt. Ich hatte die Zeitung seit ihrer Gründung im Jahre 1933 verfolgt, weil ich mich von ihrer Grundhaltung sofort angezogen fühlte, schon als ich in Zürich wohnte und das Vordringen der schweizerischen Nachbeter Hitlers in nächster Nähe verfolgen konnte. In meinem Elternhaus wurden die grossen Reden des Führers stets mit Ungeduld erwartet und mitgehört. Während mir das Gebell aus dem Lautsprecher fast den Magen umdrehte, fand meine liebe Mutter, dieser Mann wolle doch nichts Schlechtes. Mein Vater verhielt sich schweigend, doch sein gequälter Gesichtsausdruck bei unseren heftigen Diskussionen um die Nazis draussen und im eigenen Land verrieten seine innere Abneigung. Extreme waren ihm suspekt, sowohl auf der Rechten wie auf der Linken. Seine liebevollen Briefe, in denen er versuchte, mich von der Politik wegzuziehen und seine Bitten, mich vermehrt dem Aufbau einer sicheren bürgerlichen Existenz zu widmen, wurden von mir in ebenso höflichen Briefen beantwortet, worin ich versuchte, ihn für die Ideale des Sozialismus zu begeistern. Unsere beidseitigen Bestrebungen waren erfolglos, und um den ständigen Diskussionen zu entgehen, verliess ich das Elternhaus im Frieden und bezog ein möbliertes Zimmer. Nach der «Machtergreifung» Hitlers im Januar 1933 schoss das antidemokratische Unkraut in der Schweiz mit grosser Aggressivität aus dem Boden. Es bildeten sich «Fronten» und «Bünde» aller Art, genau nach dem grossen Vorbild «Getrennt marschieren, vereint schlagen». Mehr und mehr kam es zu offenen Zusammenstössen, die mit blutigen Köpfen endeten.

In Deutschland wurde die Republik Schritt für Schritt zu Grabe getragen. Der SS-Staat wurde Vollstreckungsorgan des Führers; Sondergerichte wurden eingesetzt; die Rechtssprechung nach «Volksempfinden» ersetzte den klassischen Rechtsstaat. Politische Gegner wurden verfolgt, Juden auf offener Strasse zusammengeschlagen. Die fürchterliche Einrichtung «KZ» wurde geboren, und die persönliche Freiheit hörte auf zu existieren. Im Mai 1933 wurden in Deutschland Parteien und Gewerkschaften aufgelöst und verboten. Der Gewaltstaat Hitlers hatte die Macht ergriffen.

Kein Wunder, dass antidemokratische Kräfte in der Schweiz Morgenluft witterten. Viele Bürger sympathisierten offen oder versteckt mit den Anhängern Hitlers in der Schweiz. Es kam zu Wahlbündnissen mit den schlimmsten Feinden der Demokratie, Schandflecke, an die sich die Beteiligten nur ungern erinnern. Der braune Sturm auf

die demokratischen Institutionen der Schweiz nahm im Sommer 1933 Formen an, die nach energischem Widerstand riefen. Es musste etwas geschehen.
Eine Gruppe einsichtiger und überzeugter Demokraten erkannte, dass Terror und Gewalt allein mit Verboten nicht beizukommen war. Was not tat, war ein entschlossener geistiger Widerstand, und es musste dafür ein geeignetes Forum geschaffen werden. Über alle Parteien hinweg fanden sich vaterlandstreue Männer und Frauen aus allen Volksschichten, um die demokratische Einheit unseres mehrsprachigen Volkes zu schützen.
Am 1. September 1933 erschien die erste Ausgabe der «Nation». Über dem Leitartikel stand der leidenschaftliche Titel:
«Wir rufen alle freiheitlich Gesinnten über Parteien und Klassen hinweg zum gemeinsamen Werk!»
Man mag heute über den ernsten und altväterischen Ton lächeln, doch wer die Bedrohung der Schweiz nicht am eigenen Leibe erfahren hat, kann da nicht mitreden. Die Fröntler hatten damals schon ihre «Fichen» angelegt, Namenslisten derjenigen, die bei einer Machtübernahme sofort in schweizerische Konzentrationslager gesteckt werden sollten, und es bestand nicht der geringste Zweifel, dass sich auch in der Schweiz genug militante Nazis finden würden, die als wirksame Schlägertrupps eingesetzt werden könnten, würden sie einmal an die Macht kommen. Das musste verhindert werden.
Max Bill gestaltete den kraftvollen Zeitungskopf mit dem blauen N. Die «blaue Presse» erhielt potenten Zuzug. Der Leitartikel der ersten Ausgabe ist identisch mit dem Aufruf einer Handvoll entschlossener Schweizer, und er hat historische Bedeutung, denn er war eine mutige Tat angesichts einer Bedrohung, vor der bereits viele kapituliert hatten und bereit waren, sich mit dem scheinbar Unvermeidlichen zu arrangieren. Dieses Zeitdokument darf nicht vergessen werden:

«Die wirtschaftliche, moralische und geistige Krise der Welt zieht immer tiefere Furchen in unser Land. Ausländische Einflüsse bedrängen die Schweiz gefährlicher als je. Fremde Rezepte werden angepriesen, fremde Parolen ausgegeben, fremde Beispiele nachgeahmt. Unter dem Vorwand, die Demokratie erneuern zu wollen, erscheinen Führer, die sich selbst ernannt haben. Sie reden, doch sie gewähren keine Gegenrede. Sie predigen Volksgemeinschaft, doch sie säen Unfrieden. Sie trachten, sich über das souveräne Volk zu setzen. Wenn sie ihr Ziel erreichten, dann wäre die Idee des Schweizerbundes – Freiheit der Bürger, Gleichheit der Stände, Brüderlichkeit der Stämme – zerstört. Damit wäre der Untergang der Eidgenossenschaft besiegelt.

In schwerer Sorge vor solcher Entwicklung, in der Überzeugung, dass die Zukunft der Schweiz nicht durch Unterdrückung und Gewalt, sondern nur durch gerechten Ausgleich gesichert wird, im Vertauen, dass unser Volk, getreu seiner Überlieferung, durch Selbstbestimmung die herrschende Krise bezwinge, haben wir Schweizerbürger, über Gegensätze von Parteien und Klassen hinweg, uns verständigt.

Wir wollen, statt an der Oberfläche der Zeit zu diskutieren, den sozialen Störungen auf den Grund gehen, um sie ‹mit dem Vaterland und allen Freien› zu überwinden. Wir geloben, in treuer Arbeitsgemeinschaft, die Grundfesten unserer Demokratie zu schützen und für ihren freiheitlichen Ausbau einzustehen.

Wie die Schweiz durch Achtung und Gerechtigkeit gegenüber den sprachlichen und kulturellen Minderheiten den Sinn nationaler Volksgemeinschaft verkörpert, so muss sie ein Beispiel sozialer Volksgemeinschaft werden.

Wir nehmen entschlossen den Kampf für die geistige Freiheit und die nationale Unabhängigkeit auf. Wir wollen mit allen, die nicht gesonnen sind, fatalistisch sich bevormunden zu lassen, uns zusammenfinden auf der freien Tribüne ‹Die Nation›.»

Die «Nation» wollte den Beweis erbringen, dass Bürger verschiedener Berufe, verschiedenen Herkommens, verschiedener Anschauung, Bauer und Arbeiter, Kaufmann und Handwerker, Gelehrter und Künstler gemeinsam den Weg zu einer geistigen, politischen und wirtschaftlichen Neugestaltung der Eidgenossenschaft beschreiten konnten.

Ist das gelungen? Die Frage kann glücklicherweise mit einem überzeugten Ja beantwortet werden. Bekannte Persönlichkeiten schrieben Geleitworte von grosser Eindringlichkeit, Worte, die sie mit Sicherheit ins KZ gebracht hätten, wären die Nazis je an die Macht gekommen.

Die Namensliste der Unterzeichner kann ohne Übertreibung als «Fähnlein der 70 Aufrechten» bezeichnet werden; als seltenes Dokument eidgenössischer Zivilcourage. Der Aufruf wurde unterschrieben von:

Peter Aebi, cand. rer. pol., Burgdorf.
Jos. Albisser, alt eidg. Vers.-Richter, Luzern.
Dr. Werner Ammann, Zürich-Meilen.
Fritz Bandi, stud. phil., Bern.
R. Baumann, Dir. d. Union Helvetia, Luzern.
Prof. Dr. Ernst Blumenstein, Bern.
Robert Bratschi, Generalsekretär, Bern.
G. Canevascini, Reg.-Präs., Bellinzona.
Prof. Dr. E. Claparède, Genf.
Prof. Dr. Charly Clerc, Zürich.
Dr. Eugen Curti, Rechtsanwalt, Zürich.
Alb. Defilippis, Stadtpräsident von Lugano.
Prof. Dr. A. Egger, Zürich.
Dr. H. Enderlin, Redaktor, Chur.
Dr. M. Eppenberger, Anwalt, Basel.
Marie Fierz, Präs. Zürcher Frauenzentrale.
Dr. L. O. Forel, Privatdozent, Nyon.

B. Frautschi, Landw., Turbach-Gstaad.
Ernst Frautschi, Lehrer, Turbach-Gstaad.
Andreas Fueter, stud. med., Zürich.
Dr. A. Gadient, Landw., Serneus-Klosters.
Dr. Max Gerwig, Gerichtspräsident, Basel.
O. Graf, Lehrersekretär, Bern.
Prof. Dr. E. Grossmann, Zürich.
Prof. Dr. E. Hafter, Kilchberg-Zürich.
Prof. Jean de la Harpe, Neuenburg.
Dr. F. Hauser, Regierungsrat, Basel.
Dr. R. Hercod, Direktor, Lausanne.
Fritz Horand, Sekretär, Zürich.
Otto Hunziker, Gerichtspräsident, Zofingen.
Konrad Ilg, Sekretär, Bern.
Walder Ingold, Journalist, Bern.
Dr. C. Jaeger, Bundesrichter, Lausanne.
Dr. Fritz Jenny, Advokat, Basel.
Dr. Emil Klöti, Stadtpräsident von Zürich.
Dr. Alfred Kober-Staehelin, Basel.
Dr. A. Lardelli, Regierungsrat, Chur.
Prof. Dr. Lasserre, Lausanne.
Dr. Annie Leuch, Lausanne.
E. Lieb, Regierungsrat, Schaffhausen.
Dr. P. Liver, Rechtsanwalt, Flerden (Gb.).
Dr. A. Maag-Socin, Rechtsanwalt, Zürich.
Carlo Maggini, Stadtpräsid. v. Bellinzona.
W. Mahrbach, Ldw.-Lehrer, Schaffhausen.
Prof. Dr. F. Marbach, Bern.
Cesare Mazza, Regierungsrat, Bellinzona.
Otto Meyer-Lingg, Fürsprech, Bern.
Prof. Henri Miéville, Lausanne.
Dr. W. Morgenthaler, Privatdozent, Bern.
Dr. F. Moeschlin, Schriftsteller, Uetikon a.S.
Dr. Fritz C. Moser, Redaktor, Romanshorn.
Werner Niederer, stud. ing., Zürich.
C. Olgiati, Gemeindepräs. v. Giubiasco.

Dr. Hans Oprecht, Sekretär, Zürich.
Dr. Max Oettli, Chexbres-Lausanne.
Prof. Dr. William Rappard, Genf.
Men Rauch, Redaktor, Schuls.
Dr. H. Revilliod-Masaryk, Cologny-Genf.
Prof. Pierre Reymond, Neuenburg.
G. B. Rusca, Stadtpräsident von Locarno.
Dr. Ida Somazzi, Seminarlehrerin, Bern.
Dr. H. K. Sonderegger, Rechtsanw., Heiden.
Dr. V. E. Scherer, Rechtsanwalt, Basel.
Dr. M. Schmid, Seminardirektor, Chur.
P. Schmid-Ammann, Red., Schaffhausen.
Ph. Schmid-Ruedin, Generalsekr., Zürich.
A. Schnyder, Landw.-Lehrer, Solothurn.
K. Straub, Sekretär, Zürich.
Rud. Tschudy, Verleger, Glarus.
E. Tung, Redaktor, Bern.
Prof. Dr. Ed. von Waldkirch, Bern.
Dr. F. Wartenweiler, Nussbaum, Frauenfeld.
Dr. Max Weber, Sekretär, Bern.
Dr. H. Widmer, Stadtpräsident, Winterthur.
Dr. E. Zellweger, Rechtsanwalt, Zürich.
Dr. Emil Zürcher, Rechtsanwalt, Zürich.

Damit war eine Tribüne geschaffen, ein Eckstein des geistigen Widerstandes gegen den Faschismus, der ohne Übertreibung entscheidend mitgeholfen hat, das Schlimmste zu verhüten.

TRAUERSPIEL PdA

Nachdem ich meine Arbeit bei der Partei der Arbeit aufgenommen hatte, begann das darauf folgende Trauerspiel euphorisch und optimistisch. In ganz Europa war ein Linkstrend zu erkennen, und im Aufwind der Russlandfreundlichkeit dachte noch niemand an den Kalten Krieg und seine Folgen.
Die zuerst in Genf erscheinende Wochenzeitung «Vorwärts» kam gut an. Ich redigierte den grössten Teil praktisch im Alleingang und war glücklich, in der Druckerei Nicoles wieder den unvergleichlichen Geruch des Bleisatzes einatmen zu können. Wo immer ich eine Zeitung gemacht habe, waren die Metteure meine Freunde. Ich hatte nichts dagegen, mir schmutzige Finger zu machen. Wir arbeiteten Hand in Hand. Es war für mich immer eine wahre Lust, eine Zeitungsseite im Spiegel kreativ zu gestalten. Beim Umbruch findet ein schöpferischer Akt statt: der vorhandene Stoff muss sinnvoll und optisch wirksam zusammengebaut werden. Wenn dann die alte Lokomotive von Rotationsmaschine zu rattern anfing und die ersten Exemplare ausspie, empfand ich immer wieder das Glücksgefühl, das die Geburt einer Synthese aus geistiger und körperlicher Arbeit vermittelt.
Die wöchentlichen Fahrten nach Genf, die Arbeit bei der «Voix ouvrière», wo der «Vorwärts» gedruckt wurde, die vibrierende Stadt, die Filets de perches am See, die nächtlichen Gespräche mit Ludwig Hohl und die Freiheit, das zu schreiben, was mir am Herzen lag – das war eine wahre Hoch-Zeit des Lebens.
Die geliebte Arbeit bei der «Nation» war mir zu eng geworden. Meine angriffige Schreibweise war auch im Rahmen des Vorstandes auf versteckten Widerstand gestossen. Die einen förderten, die andern bremsten mich.

Da ich die Demokratie ernst nahm und den Verwedelungskonsens und die faulen Kompromisse der eidgenössischen Politik noch nicht begriffen hatte, war ich äusserst empfindlich, wenn unablässig von Demokratie geredet, aber undemokratisch gehandelt wurde.
Es sind ja meist die scheinbar unwichtigen Einzelheiten, die zu bedeutsamen Entschlüssen führen. Zum Beispiel missfiel mir die Haltung der «Nation» zur Neugründung der Partei der Arbeit (PdA). Der Vorstand gab die strikte Parole aus: «Ignorieren!» Keine Stellung nehmen, weder dafür noch dagegen. Man weiss nicht, was daraus wird. Wait and see.
Die «Nation» ignorierte wohl die PdA, diese aber nicht die «Nation». Karl Hofmaier, der damals an grossen Massenversammlungen Reden hielt, zitierte jeweils mit Vorliebe die damals sehr bekannte Journalistin Trudi Weber und Peter Surava aus der «Nation». Der kluge politische Taktiker wusste genau, was er tat. Er trieb damit einen Keil zwischen die «Nation» und mich, indem er mich bei den bürgerlichen Parteien, bei den Sozialdemokraten und beim Vorstand der «Nation» in Verdacht brachte, ein verkappter Linker zu sein. Es wurde mir eine Rolle angedichtet, die ich nie gespielt hatte. Mein höchstes Interesse galt der Abwehr der Hitlerschen Welteroberungspläne. So war es kein Zufall, dass ich enge Beziehungen zu den Amerikanern unterhielt. Über den Presseattaché, den ich praktisch jede Woche traf, ergab sich ein fruchtbarer Meinungsaustausch für beide Seiten, der natürlich nicht für fremde Ohren bestimmt war. Stets wenn ich das Büro von G.M. betrat, griff er zu einer grossen Haube aus dickem Filz, die er über seinen Telefonapparat stülpte, worin er offenbar eingebaute Wanzen vermutete. Unsere Zusammenarbeit führte auch zu Zusammenkünften mit Alan Dulles, der zu jener Zeit von Bern aus die amerikanische Abwehr steuerte.
Diese vertrauensvolle Verbindung brach jäh auseinander, als ruchbar wurde, dass ich mit der PdA verhandelte. «We

can't work together anymore, Peter, if you go left», sagte G.M., «aber Sie können mir noch einen letzten Gefallen tun. Wir wollten Sie an die erste deutsche Zeitung holen, die in Berlin erscheinen wird, doch das geht nun nicht mehr. Aber Sie können mir noch sagen, welchen Titel wir dieser Zeitung geben könnten.» Ich antwortete spontan: «DIE NEUE ZEITUNG.» Das klang nicht sonderlich originell, aber ich war doch überrascht, als nach Kriegsende in Berlin tatsächlich eine Zeitung mit «meinem» Titel erschien.

Wieder erhielt ich eine Lektion in grosser Politik: Der Traum, die beiden Grossmächte, die Europa – und die Schweiz – vom Alptraum des Nationalsozialismus befreit hatten, würden einen echten Friedensprozess einleiten, war ausgeträumt. Es fehlten Staatsmänner von aussergewöhnlichem Format und grosser Weitsicht. Es fehlte vor allem an Männern mit Phantasie und grossen Ideen, besonders in der Sowjetunion, wo jede freiheitlich-demokratische Regung mit Verbannung oder Tod endete.

Als die Druckerei in Basel eingerichtet war, stand der Erscheinung des «Vorwärts» als Tageszeitung nichts mehr im Wege. Ich organisierte eine Redaktion, die gut zusammenspielte, holte einen früheren Mitarbeiter der «Nation», der inzwischen Sportlehrer geworden war, als Sportredaktor nach Basel, und auf Wunsch Hofmaiers gelang es mir, Dr. Xaver Schnieper, der in Luzern als Staatsbibliothekar arbeitete, für den Kulturteil zu gewinnen. Schnieper hatte schon bei der «Nation» mitgearbeitet; er gehörte zu den jungen fortschrittlichen Katholiken und war wie ich erfüllt vom Glauben an eine grosse, sozial und freiheitlich gesinnte Volkspartei.

Leider habe ich ihm keinen guten Dienst erwiesen, denn er wurde genau so getäuscht und enttäuscht wie ich selbst.

Bei meinen persönlichen Akten fand ich ein Gesprächsprotokoll aus einer Redaktionssitzung, das typisch ist für die tiefe politische und geistige Zerrüttung der Partei:

Dr. Schnieper:	Erzählt, wie er eben aus Berlin zurückkommt. Er hat dort Verwandte seiner Frau. Er berichtet von den Vergewaltigungen der Russen, die von der bürgerlichen Presse mit Entsetzen kommentiert wurden. Schnieper: Wir müssen dazu Stellung nehmen und dürfen es nicht verschweigen. Wir haben jahrelang für die Menschlichkeit gekämpft und nun...
Dr. Gmür:	Das ist alles nichts gegen das, was die Nazis in der Sowjetunion gemacht haben!
Surava:	Das ist natürlich klar, aber das wissen wir. Wir müssen sagen, dass die Greuel der Nazis tausendmal schlimmer waren und die Reaktion begreiflich machen. Erklären, aber nicht billigen.
Gmür:	Das ist nicht unsere Aufgabe. Wir müssen es sogar abstreiten und als Greuelpropaganda hinstellen. Wir dürfen jetzt nichts tun, was der Sowjetunion schaden könnte.
Schudel:	Trotzdem wäre es besser, eine gut formulierte Erklärung abzugeben.
Schnieper:	Wie immer, aber ich mache aus mir keine politische Hure. Mord ist Mord. Gewalt ist Gewalt.
Surava:	Wir haben im Volk durch all diese Jahre eine Vorstellung von einer heldenhaften Roten Armee erweckt. Jetzt müssen wir sagen, dass Entgleisungen verständlich sind, aber wir müssen sie ablehnen und die Kommandanten auffordern, streng zu bestrafen. Da sind junge deutsche Mädchen und Frauen dabei, die keine Schuld am Krieg und an dem tragen, was Hitler über Deutschland brachte.

Gmür:	Das ist alles sentimentales Geschwätz. Es bleibt dabei, wir schweigen oder dementieren.
Surava:	Es liegen aber Leserbriefe von Parteigenossen und Freunden der PdA vor, die jetzt erwarten, dass wir eine saubere Haltung einnehmen.
Schnieper:	Ich habe hier einen Bericht geschrieben, und ich will ihn bringen.
Gmür:	Kommt nicht in Frage.
Surava:	Und wenn Deine Frau dabei drangekommen wäre?
Gmür:	Ach, Quatsch!
Schnieper:	Ich protestiere in aller Form. Er klappt seine Unterlagen zusammen und steht auf. Surava und Schnieper verlassen die Sitzung.

Mitten in meine intensive Redaktionstätigkeit beim «Vorwärts» platzte meine Verhaftung, hervorgerufen durch die Klage der «Nation». Zur Ehre der PdA und der verantwortlichen Leute muss es gesagt sein: Die Partei stand unbeirrt zu mir. Ich erlebte eine beispiellose Welle der Solidarität, die mir unvergesslich bleiben wird. Hofmaier sagte gelassen: «Sie müssen einmal lernen, dass für uns politisch gefärbte Prozesse oder Anschuldigungen durch bürgerliche Gerichte Schall und Rauch sind; sie haben bei uns keinerlei Bedeutung.»

Als ich sofort im «Vorwärts» gegen die Klage und ihre Urheber losschlug und die Hintergründe aufdeckte, besuchte er mich erneut und gab mir eine zweite Lehre: «Sie nehmen das alles viel zu tragisch und persönlich. Haben Sie denn erwartet, man würde ihnen Rosen auf den Weg

streuen? Hören Sie auf, sich jetzt schon zu verteidigen und Ihre Trümpfe bekannt zu geben. Man stellt sich nicht zur Schlacht, wenn es dem Feind passt. Den Zeitpunkt der Auseinandersetzung bestimmt man selbst, je nach der entstehenden Situation.»
Mit der Zeit aber wurde die geistige Kluft zwischen meiner Überzeugung und den internen Schachzügen der Genossen zu gross. Als dann die blutigen Laien noch in die Redaktion und in den technischen Ablauf der Zeitung eingriffen, musste ich der Tragikomödie ein Ende setzen.
Die brutale Machtübernahme in der Tschechoslowakei im Februar 1948 durch Gottwald bedeutete für mich das Ende jeder Zusammenarbeit mit der PdA, die auch diese bedingungslose Annäherung an den Stalinismus billigte und die demokratischen Kräfte in der Partei rücksichtslos an die Wand drückte.
Man hatte mir bei meinem Eintritt zugesagt, dass es völlig unwichtig sei, ob ich in die Partei eintrete oder nicht. Nach einiger Zeit erklärte mir der Basler Parteisekretär unumwunden, es gehe doch nicht an, dass ich nicht Parteimitglied werde. Zudem würden die Arbeiter es nicht verstehen, wenn ich mich um die Parteibeiträge herumdrücke.
Eines Tages erfuhr ich, man habe mich einfach in die Kartei aufgenommen. Am 17. März 1948 distanzierte ich mich von der Partei und gab meinen Austritt. Ich wollte damit jede Unklarheit beseitigen und erklärte: «Ich habe nicht viele Jahre unermüdlich und unter Anfeindungen gegen den Nationalsozialismus und seine offenen und versteckten schweizerischen Mitläufer gekämpft, um mich nun einer neuen Diktatur – deren Gefährlichkeit ich besonders gut ermessen kann – zu unterwerfen.»
Mein Abschied vom «Vorwärts» anfangs 1948 führte direkt in die Arbeitslosigkeit, denn niemand war mehr da, der mich beschäftigt hätte. Geächtet von allen Seiten, gut

eingedeckt mit Schadenfreude und ganz ohne Geldmittel war ich wohl frei, doch auch vogelfrei. Jeder konnte mir Steine nachwerfen und über mich die unglaublichsten Geschichten erzählen; ich hatte keine Möglichkeit mehr, mich öffentlich zu verteidigen.

Die Erinnerung an jene Jahre ist wie ein schwarzer Traum. Wie ich damals Frau und Kinder und mich selbst über Wasser hielt, ist mir heute rätselhaft. Ich schrieb Feuilletons, Hörspiele und Werbetexte, doch das funktionierte nur, wenn ich hinter dem geschlossenen Visier eines Pseudonyms auftrat.

Ich begann auch für eine Zeitung in Strasbourg zu schreiben. Wenn sich einige Honorare zusammengeläppert hatten, fuhr ich mit dem Kursschiff den Rhein hinunter, um das wenige Geld abzuholen. Meistens blieb nicht viel übrig, weil sich die dortigen Redaktoren sofort zu einem guten Essen einluden. Was ich heimbrachte, war zu wenig um zu leben und zu sterben.

Ich erinnere mich an zwei andere frei arbeitende Basler Schriftsteller, völlig unpolitische Menschen, denen es nicht besser ging. Wir trafen uns regelmässig, um uns gegenseitig etwas vorzujammern und um neue Verdienstmöglichkeiten zu suchen. Da gab es dann den berühmten Fünfliber, der ständig zwischen den drei mausarmen Familien zirkulierte. Nur wer völlige Ebbe im Geldbeutel hatte, durfte ihn beanspruchen, und sobald auch nur das kleinste Schiff (Honorar) angekommen war, musste die Münze sofort an den am meisten Notleidenden weitergegeben werden.

Es half mir nichts, dass meine Popularität dadurch gesteigert wurde, dass Bö im «Nebelspalter» eine ganzseitige Karikatur des «cervus elaphus» (Riesenhirsch) brachte. Es half auch nichts, als eine Basler Fasnachtsclique hoch zu Ross ein Dutzend Jagdreiter mit grossen Hirschgeweihen auf den Köpfen aufzog. Das alles gab wohl Gerede, Gelächter, aber kein Brot.

Nur der baldige Prozess konnte mich retten. Doch woher würde ich das Geld für einen Anwalt nehmen? Ernst Rosenbusch, damals noch Kantonsrat in Zürich für die PdA, hatte mich glänzend, aber erfolglos beim Bundesgericht im Namensprozess vertreten. Nun aber, da ich der Partei den Rücken gekehrt hatte, war ihm dies nicht mehr möglich. Er bedauerte es, schrieb nie eine Rechnung, und ich bedauerte es auch, denn der später auf tragische Weise verunglückte Anwalt war ein scharfer und hellwacher Geist, der die Schliche meiner Ankläger sofort durchschaut hatte.

Wer Zeiten der Not schildern muss, gerät in Gefahr, sich in die Rolle des Märtyrers zu begeben, aber ich kann die Tatsachen nicht verschweigen. Meine Gegner hatten erreicht, was sie erreichen wollten. Doch noch war nicht alles verloren. Der Prozess musste eine Klärung und den Beweis meiner Unschuld bringen. Davon war ich noch immer fest überzeugt. Es konnte doch im schweizerischen Rechtsstaat nicht möglich sein, jemanden eines Tatbestands wegen zu verurteilen, den er nie verübt hatte. Glaubte ich.

Wir wohnten in zwei Mietzimmern ohne Bad. Möbel aus dem Brockenhaus, wo ich auch für wenig Geld eine alte tragbare Zinkbadewanne fand, die ich per pedes durch halb Basel in unsere Behausung trug. Auf dem Holzherd wurde dann jeweils Pfanne um Pfanne heisses Wasser gemacht, bis es für ein unbequemes Bad reichte. Die Tage, da wir keine zwei Franken im Haus hatten, nahmen zu.

Alle meine Bemühungen, die Anklagebehörden zu beschwören, doch endlich die Hauptverhandlung anzusetzen, stiessen auf taube Ohren. «Wir sind noch nicht soweit», hiess es in Bern. Die Durststrecke wurde unerträglich.

Wir lebten von der Wohltätigkeit einiger Freunde. Hin und wieder brachte die Post eine anonyme Geldspende.

Frankreichreise der Schweizer Presse im Herbst 1944. V.l.n.r. Karl von Schumacher, («Die Weltwoche»), Felix von Schumacher («Sie + Er»), Peter Surava («Die Nation»).
«Gestatten Sie, dass ich die Gelegenheit benutze, um Ihnen zu ihrer prachtvollen Frankreich-Reportage zu gratulieren. Sie erfahren wohl nichts Neues, wenn ich Ihnen sage, dass Ihre Reportage von allen, die über unsere Reise geschrieben worden sind, bei weitem die beste war...»
(Karl von Schumacher in einem Brief vom 12. Okt. 1944 an Peter Surava).

Bei den Massengräbern auf dem Flugplatz von Lyon suchen Angehörige von ermordeten Widerstandskämpfern nach ausgegrabenen Leichen ihrer Verwandten.

Aus einem Bombenkrater werden erschossene Frauen und Männer (Geiseln) ausgegraben. Im benachbarten Flugzeugschuppen identifizieren Angehörige der Opfer die Leichenteile.

wir Schweizer deutsche Menschen sind, deutsches
Blut in den Adern haben und zur Substanz des deutschen Volkes gehören. Das Bekenntnis zu einem
Gesamtvolk kann aber niemals Landesverrat sein,
weil Volk und Staat zwei verschiedene Dinge sind.

Sie plädieren auf Ausbürgerung. Ich kann das
Politische Departement nicht hindern, dies zu
tun. Als Angehöriger des deutschen Volkes kann
ich nie heimat-und staatenlos gemacht werden.
Eines Tages werde auch ich von der Geschichte
rehabilitiert.

H e i l H i t l e r !

[Unterschrift]

Aus einem Brief, den der später zu fünf Jahren
Zuchthaus verurteilte Landesverräter Franz Burri
von Wien aus der «Nation» zugestellt hat.

Fragebogen B

Gesuch um Erteilung einer { Aufenthalts- / Niederlassungs- / Toleranz- } Bewilligung.

(deutlich schreiben)

1. Familienname .... Vorname ....

2. Geburtsdatum .... Geburtsort ....

3. Staatangehörigkeit .... Heimatort ....

   Bei Staatenlosen frühere Staatsangehörigkeit ....

   Grund der Staaten- bezw. Schriftenlosigkeit ....

4. Zivilstand .... Religion ....
   (ledig, verheiratet, geschieden)   (Arier?)

5. Erlernter Beruf ....

Religion (Arier?)...
Wie tief der Ungeist des Nazismus und des
Rassismus in gewissen Kreisen verankert war, geht
aus dem letzten Wort des Fragebogens B der
Fremdenpolizei der Stadt Zürich hervor.

Oberst i. Gst. Däniker Walenstadt, den 15.5.41

DENKSCHRIFT
über Feststellungen und Eindrücke anlässlich eines Aufenthaltes in Deutschland

Zunächst ist festzustellen, dass das Verhältnis zwischen Deutschland und der Schweiz zur Zeit sehr gespannt ist... Ich scheue mich nicht, hier in aller Form auszusprechen, dass wir Schweizer leider selbst den Hauptteil der Schuld für das Vorhandensein dieser Krisenlage tragen.
... Es geht im gegenwärtigen Krieg nicht einfach um einen vornehmlich materiell orientierten Machtkampf, wie z.b. im Weltkrieg 1914–1918, sondern es dreht sich um einen Krieg auf weltanschaulicher Ebene und für Europa um einen «Einigungskrieg». Sehr bald oder vielleicht in kürzerer Zeit als wir ahnen, vielleicht schon nach wenigen Wochen wird deshalb die Frage an uns gestellt werden, ob die Schweiz ein nützliches oder wertvolles Glied des europäischen Kontinents werden wolle oder nicht.
Wenn die Schweiz in Europa tatsächlich eine ihr eigene und ureigenste Aufgabe erfüllen will, wenn sie also ein wahrhaft nützliches Glied in Europa zu sein bestrebt ist, dann hat sie sich in dieses Europa entsprechend einzugliedern.

Aus der berühmt-berüchtigten Denkschrift von
Oberst Gustav Däniker, auf die der junge Offizier
Oskar Reck in einem Brief vom 28. Januar 1943
eingeht.

Leserbrief von Oskar Reck an Peter Surava, Redaktor der «Nation». Der bekannte Publizist und Autor ist sich selbst treu geblieben. Schrieb er doch kürzlich zum Jubiläumsjahr 1991: «Rückblicke sind nur wesentlich, wenn sie uns zu Ausblicken anspornen, denen dann auch Aktivitäten folgen.»

Niederlenz, 28.1.1943.

An die
Redaktion der "Nation",
Herrn Peter Surava,
B e r n.

Sehr geehrter Herr Redaktor,

Sie werden es durchaus selbstverständlich finden, wenn ich Ihnen - als Akademiker und Offizier - sage, dass ich zu den kritischen Zeitungslesern und -schreibern zähle. Gerade als kritischer Leser aber bin ich stets von neuem von der "Nation" begeistert - und mehr: ich bin herzlich dafür dankbar und weiss es zu schätzen, dass es im Lande zum mindesten <u>ein</u> Blatt gibt, das die Dinge schlicht und unumwunden beim Namen nennt. Sie pflegen auch sehr unangenehme Wahrheiten nicht totzuschweigen, und diese Haltung ist es, die Ihnen die uneingeschränkte Symathie der denkenden jungen Generation einträgt.

Obwohl ich bereits zwei kürzlich erschienene Broschüren von Oberst z.D. Däniker gelesen habe und mir über die politische Haltung dieses Mannes im Klaren war, hat mich der unter den "Dokumenten der Zeit" erschienene Artikel über einen Vortrag dieses Offiziers doch schmerzlich berührt. Die skandalöse Haltung Oberst Dänikers ist um so bedauerlicher, als es sich bei ihm wirklich um einen Militär von grossem Format handelt. So gut man aber von jedem einfachen Schweizerbürger erwartet, dass er neben seinen staatsbürgerlichen Tugenden auch über soldatische verfügt, soll man - und ganz besonders von einem Offizier - verlangen können, dass er nicht nur militärische, sondern in hohem Masse auch staatspolitische Einsichten habe.

In diesem Zusammenhang gilt es aber auch einen weitern Artikel dieser Nummer zu erwähnen, "Die Abstammung der Offiziersaspiranten". Ich weiss aus eigener Erfahrung, dass bei der Auswahl der künftigen Offiziere sehr einseitig das körperliche Kriterium assgebend ist, während es häufig vorkommt, dass die staatsbürgerliche Erziehung überhaupt nicht vorhanden oder aber bedenklich lückenhaft ist. So kann ich eigentlich nur über <u>jene</u> staunen, die sich wundern, dass es unter uns jungen Offizieren so viele offene und heimliche Däniker-Anhänger gibt! Und zwar nicht nur "militärische" Dänikeranhänger (das wäre gewiss nicht schlimm!), sondern "politische".

So bin ich Ihnen nicht nur als Schweizer Staatsbürger, sondern ganz besonders auch als Schweizer Offizier für Ihre prachtvolle und im schönsten Sinne nationale journalistische Haltung zu herzlichem Dank verpflichtet. Ich schreibe diesen Brief in der Annahme, dass er Sie - mit den andern zahlreichen Zuschriften, die gewiss täglich bei Ihnen eingehen - in der Weiterführung Ihres bisherigen Kurses bestärkt; und in der Annahme auch, dass Ihnen ein kleines Zeichen von Dank aus Ihrem Leserkreis Freude bereitet.

Mit den besten Grüssen,
Ihr *Oskar Rech.*

Dʀ BUCHERs KLINIK SATIS
SEON BEI LENZBURG / SCHWEIZ

Seon, den 15. November 1944.

Sehr geehrter Herr Surava,

Sie sind selber schuld daran, wenn ich Ihnen heute die Kopie eines Briefes an die Zentralleitung der Lager für Zivilinternierte zustelle, denn diese Handlung ist lediglich die Folge meiner regelmässigen Lektüre Ihrer Zeitung während der vergangenen 6 oder mehr Jahre.

Es ist ja herzlich wenig, was wir auf die vorgeschlagene Weise tun können, um die erbärmlichen Segnungen unserer Aussenpolitik wenigstens an ein paar Armen und Aermsten zu korrigieren. Dadurch wird es leider nicht möglich, das persönliche Gewissen zu beruhigen, denn Tag für Tag verfolgen mich im Geiste Szenen, wie sie sich abgespielt haben müssen an unseren Grenzen, als wir Flüchtlinge im Wettlauf um ihr Leben am laufenden Band zurückgewiesen haben.

Zum Schluss nehmen Sie von uns die Versicherung unserer herzlichen Anteilnahme an jedem mutigen Artikel Ihrer Zeitung.

Mit vorzüglicher Hochachtung

Beilage erwähnt.

Leserbrief von Dr. med. Otto Heinrich Bucher
(1898–1947)

Der Versand der «Nation» mit dem Bericht über die Heimarbeiterinnen von Eriswil BE an die Opfer dieser Gemeinde wurde von der Generaldirektion der PTT verboten. Der Rekurs der «Nation» gegen diese Massnahme wurde vom Bundesrat gutgeheissen.

**GENERALDIREKTION
DER POST- TELEGRAPHEN- UND TELEPHONVERWALTUNG**

DIRECTION GÉNÉRALE DES POSTES   DIREZIONE GENERALE DELLE POSTE
TÉLÉGRAPHES ET TÉLÉPHONES   DEI TELEGRAFI E DEI TELEFONI

Telegramm-Adresse / Adresse télégr. - Indirizzo telegr.: Postgen
Tel. N° 62
Postcheck - Chèques post. / Konto - Compte - Conto N° ....

> Redaktion der Nation
> Laupenstrasse 4
> B e r n

Ihre Zeichen / V. signe - V. rif.
Ihre Nachricht vom / V. communic. du - V. comunic. del
Unsere Zeichen / N. signe - N. rif.: 5381.1.2
Bern, Bollwerk 25
12.III.43

Gegenstand / Objet - Oggetto: Ausschluss von der Postbeförderung.

In Bestätigung unserer telephonischen Unterredung von heute beehren wir uns, Ihnen mitzuteilen, dass wir auf besondere Anfrage der Poststelle Eriswil die Vertragung der Nr.10 der "Nation" als Drucksache an alle Haushaltungen leider nicht zulassen konnten. Gemäss Art.25 des Postverkehrsgesetzes und Art. 56 der Postordnung werden u.a. Drucksachen mit Worten oder Zeichen beschimpfender Natur von der Postbeförderung ausgeschlossen und dem Absender zurückgegeben. Gewisse Stellen des Artikels "Kein Lohn - ein Hohn" sind u.E. beschimpfender Natur, wobei wir natürlich keine Stellung dazu nehmen können, ob diese Angriffe der Wahrheit entsprechen oder nicht.

Gegen unsere Ausschlussverfügung, die eine rein postalische Massnahme darstellt, steht Ihnen innert der Frist von 30 Tagen der Rekurs an die Generaldirektion PTT offen.

Hochachtungsvoll

RECHTSDIENST:

8.12.44

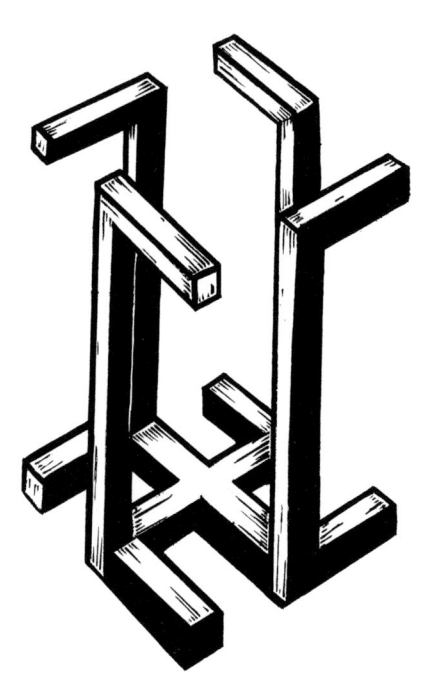

Darf nicht veröffentlicht werden.
Pressechef Ter. Kreis 3.

Wuthrich

Das Verbot dieser Zeichnung kurz vor Kriegsende (8.12.44) ist symptomatisch für die unerklärliche Angst vor einer Ideologie, die damals bereits in den letzten Zügen lag.

In ihrem Schreiben an die «Nation» äussert sich die Abteilung Presse und Funkspruch am 14.1.42 zu einem Artikel über den norwegischen Verräter Quisling.

«Wir sind hier einige Mann, die viel über alles Mögliche diskutieren, und die ‹Nation› liefert uns hier immer willkommenen Stoff». Feldpostbrief vom 4. Febr. 1944

Schweizerische Armee - Armée suisse - Esercito svizzero No 4.

Abteilung Presse und Funkspruch   No. 717/78   Armeestab, 14. 1. 42
                                          34/Er/sz

An die Redaktion   Einschreiben!
der Zeitung "Die Nation"
<u>Bern</u>, Laupenstr. 4

    Der Artikel "Auch Quisling leistete den Fahneneid!" in Nummer 50 Ihres Blattes vom 11.12.41 hat weite Kreise Ihrer Leser und darunter auch viele rechtdenkende Offiziere aufs schwerste verletzt. Es geht tatsächlich nicht an, die an sich zulässige politische Fehde bis zur Anzweiflung des vom politischen Gegner geleisteten Fahneneides zu treiben.

    In Anbetracht des Umstandes, dass dieser Artikel bereits vor längerer Zeit erschienen ist, sehen wir von einer Massnahme ab. Wir warnen Sie jedoch ausdrücklich vor weiteren Entgleisungen dieser Art, ansonst wir bei nächster Gelegenheit genötigt wären, mit einer schweren Massnahme gegen Ihr Blatt vorzugehen.

                                A R M E E S T A B
                            Abteilung Presse und Funkspruch
                            S c h w e i z e r p r e s s e

                            <u>(Hptm. Ernst)</u>

                              Im Feld, den 4. Februar 1944

An die "Nation" !

    Wir möchten Ihnen noch herzlich danken, dass Sie den Mut finden die traurigen Zustände, die heute noch in der Schweiz bestehen, dem Volke kund zu tun. Vielen sind sie natürlich nicht bekannt. Wir haben unser 6 Mann eine Scherflein von 30 Franken beigesteuert, und es hat es jeder von Herzen gegeben, wir sagten uns, statt dass wir es versauffen, da geben wir einmal dort wo es nötiger ist. Einigen Skeptikern unter uns, die gegen die ewige Sammlerei sind, hat es [i]mponiert, dass man das Geld direkt einschicken konnte, nicht dass noch [e]inige andere Ihre Hände darin waschen konnten.
[W]ir sind hier einige Mann, die viel über alles Mögliche diskutieren, [u]nd die "Nation" liefert uns hier immer willkommenen Stoff,
[w]ir sagten schon manches Mal, so lange wir noch solche Zeitungen haben, [b]raucht uns nicht bange zu sein um unsere schöne Schweiz und wissen wir auch für was wir an der Grenze stehen. Bleiben Sie nur dabei.

                        Viele Grüsse

Rekrutenschule 1940. In der Mitte stehend der Autor.

Aktivdienst 1942 auf der Kleinen Scheidegg. Flab-Soldat Peter Surava an der 20-mm-Kanone.

SURAVA
CERVUS ELAPHUS

Aus Brehms Tierleben, neue verbesserte Auflage

Im Nebelspalter vom November 1945 hat Bö den
Bundesgerichtsbeschluss, der Peter Hirsch zur
Aufgabe seines Schriftstellernamens Peter Surava
verurteilte, auf seine Art glossiert.

Peter Hirsch/Surava einst und heute.

1937–39 als Skilehrer auf der Lenzerheide. Das 1941 erschienene «Tagebuch eines Skilehrers» war sein Erstlingswerk (Verlag Oprecht).

Peter Hirsch im Jahr 1990. Für seinen publizistischen Einsatz gegen Missstände in der Tierhaltung erhielt er 1967 eine Auszeichnung der von Marie Antoinette Knie gegründeten Stiftung «Kreis der Tierfreunde».

5. 8.42	v. Auswärtiges: S. wird in Artikel "Sewastopol - Pfütstein für die Schweiz" im "Stuttgarter Neuen-Tagblatt" Nr.203 vom 27.7.42, verfasst von Schüppl Bermo, erwähnt. Bei S. handle es sich um den vor kurzem eingebürgerten Israeliten Hirsd -Geiser. - Ersuchen um Bericht über S.
20.8.42	a. Auswärtiges: Gehen Personalien des S. bekannt, der früher Hirsch Hans Werner hiess. Ueber die jüdische Rassenzugehörigkeit konnte nichts Positives festgestellt werden, da sich bereits dessen Eltern zum christl. Glauben bekannten.
9. 1.45	v. Pr+Fu, Schweizerpresse: Antwort auf unsere Anfragen.- Ueber die Frankreichreise-Berichterstattung des S. hätten sich verschiedene Teilnehmer äusserst abfällig geäussert. (tendenziös und teilweise phantastisch)
12. 1.45	v. Städt.Pol.Dir.Bern: Bericht über Surava.- Nichts Neues.
12. 1.45	a. Insp. Ersuchen um Abhörung von 3 Redaktoren, die die Reise nach Frankreich mitgemacht haben.

Aus der Fiche von Peter Hirsch/Surava

Bei dem «vor kurzem eingebürgerten Israeliten Hirsch» handelt es sich um den christlichen Zürcher Hirsch. Der von K.v.S. hoch gelobte Frankreich-Bericht von Peter Surava wird in der Fiche wiederholt als Produkt eines «Lügners», «Kommunisten», «Hetzers» dargestellt. Die Abhörung von drei Redaktoren, die die Reise nach Frankreich mitgemacht haben, wird gefordert.

25.1.45	v. Insp. ▄▄▄: Bericht über Befragung eines zuverlässigen Teilnehmers an der Frankreichreise.- Daraus ist zu ersehen, dass S. ein Lügner ist und in seinen spätern Aeusserungen stark übertrieben hat.- Er hat sich überall als Kommunist bekannt.
10.3.45	v.Pol.Dir.Bern: Senden Gesuch der PdA des Kt. Bern, um Bewilligung eines öffentl Vortrags mit Lichtbildern über Thema "Die Greuel in Frankreich" mit S. als Redner
13.3.45	a.Polizeidir. Kt. Bern: Nehmen Bezug auf eingereichtes Gesuch um Redebewilligung S. an PdA-Lichtbildervortrag über "Die Greuel in Frankreich". Zwei Vertreter der PdA erklärten sich bereit, das Thema zu ändern in "Tatsachenbericht aus Frankreich". In Anbetracht dessen überlassen wir den Entscheid der Kanton. U.E. könnte die Bewilligung unter dieser Bedingung erteilt werden. Vers.-Kontrolle wäre jedoch am Platze.
18.6.45	v.Polit.Abt. Basel: Redner an öffentl. Protestkundgebung der PdA (Hinaus mit den Nazis) v. 8.6.45 auf dem Marktplatz Basel. S. letzte speziell gegen RR v.Steiger ▄▄▄ Seine Anwürfe dürften die Grenze des Zulässigen überschritten haben.

Peter Suravas Vorträge über die Erlebnisse seiner Frankreich-Reise stossen auf heftige Kritik der Behörden, insbesondere seine Kritik an Bundesrat Eduard von Steigers Politik.

3. 5.46	v.ND Zürich: Haben soeben erfahren, dass S. bei der PdA eine sehr grosse Rolle spiele. Er habe kürzlich seinen Auslandsaufenthalt dazu benützt um in Pilsen mit den Russen in Verb. zu treten & habe grössere Geldbeträge in die Schweiz gebracht. Von den Russen sei er auch als verantwortl. Person für den literaturvertrieb bei der PdA eingesetzt worden.
10.12.46 *gut!*	v. ▓▓▓ Aktennotiz betr. Unterredung mit UR Dr.Holzer i.Sa. Stand der Untersuchung gegen S. & Wellauer Walter 92. Die Beiden hätten sich bereits merklich von der PdA distanziert & Dr.Holzer bei der Auffassung, dass sie ▓▓▓ für diese Partei tätig gewesen seien.
10.12.46	v.Insp. Aktennotiz betr. Unterredung mit UR Dr.Holzer i.Sa. Stand der Untersuchung gegen S. & Wellauer Walter 92. Die Beiden hätten sich bereits merklich von der PdA distanziert & Dr.Holzer bei der Auffassung, dass sie nie überzeugte Kommunisten gewesen seien, sondern mehr aus materiellen Gründen für diese Partei tätig gewesen seien.

Peter Hirsch/Surava war nie Mitglied einer kommunistischen Partei (KP). Auch reiste er nie in den Osten, war nie in Pilsen, hat nie Russen getroffen oder Geld von ihnen angenommen. Die beiden Fichen-Einträge (Originalfaksimile) vom 10.12.46 (mit und ohne Streichung durch den Sonderbeamten für Staatsschutzakten) zeigen, dass man mit willkürlichen behördlichen Abdeckungen nicht nur die Denunzianten tarnen, sondern auch die Wahrheit manipulieren kann.

ZUR ERINNERUNG AN
PAUL SENN (1901–1953)

Paul Senn gehört zu den grossen Reportagefotografen unseres Landes. Er arbeitete für Arnold Küblers «Zürcher Illustrierte» und für die «Schweizer Illustrierte». Die Reportagen, die er mit Peter Surava in der «Nation» publizierte und von denen wir hier einige Bilder reproduzieren, haben die Öffentlichkeit damals erschüttert und den Weg zur heutigen sozialeren Schweiz geebnet. Paul Senn starb viel zu früh an einer heimtückischen Krankheit, die ihn in Mexiko überfallen hatte.

Ihr Gesicht ist gezeichnet von Misstrauen und
Enttäuschung. Sie traut ihnen noch nicht, den beiden
Journalisten, die einfach ins Dorf eingedrungen sind
und die Heimarbeiterinnen in die Dorfbeiz
eingeladen haben. Sie traut ihnen so wenig wie dem
Herrn Fabrikanten, für den sie für einen Stundenlohn von 10 Rappen Socken strickt.

Mit gespannter Aufmerksamkeit vernehmen die Heimarbeiterinnen von Eriswil, dass sie nicht weiter für einen Wochenverdienst von 10 bis 12 Franken arbeiten müssen, bis ihnen die Finger fast abfallen. Sie erfahren, dass sie sich wehren können.

Nach dem 2. Weltkrieg blickten viele alte Menschen mit Sorge in die Zukunft. Noch 1948 wollte der Bundesrat von einer Altersversicherung nichts wissen, hatte doch der Direktor des Bundesamtes für Sozialversicherung vor Kriegsende öffentlich erklärt: «Die sozialpolitische Entwicklung in unserem Land geht relativ langsam vor sich. Das Volk ist gegen grosse und neue Reformen eher skeptisch eingestellt.»

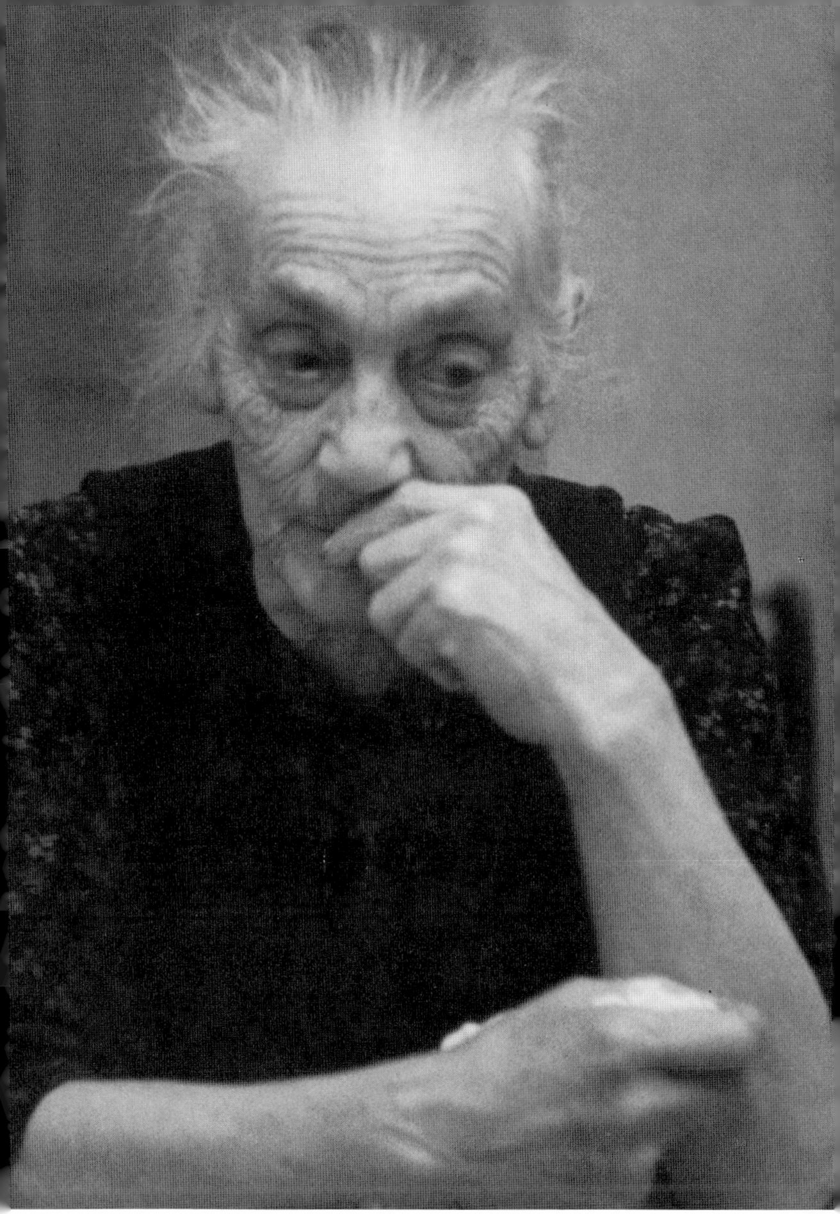

Mit gebeugtem Rücken, gebrochen an Leib und
Seele wartet der Knecht Otto Bichsel auf den Beginn
der Gerichtsverhandlung gegen seine Meistersleute,
die ihn grausam ausgenützt und misshandelt haben.

Hartherzig, verkrampft und kaum mit schlechtem Gewissen sitzen die brutalen Meistersleute im Gerichtssaal. Doch die Selbstgerechtigkeit der hablichen Bauern schwindet rasch unter der vernichtenden Anklage.

Das Amtsgericht tagt. Vor dem Richter sitzt der gebrechliche, geschundene Knecht Otto Bichsel. Hinter ihm seine Meistersleute, bei denen er durch rücksichtslose Ausbeutung fast zu Tode gekommen wäre. Die grosse Not des landwirtschaftlichen Hilfspersonals wird offenbar. Der Stoff eines Gotthelf-Romans aus dem Jahre 1944 erschüttert die Zuhörer.

Entrüstung geht durch die Schweizerpresse, nachdem die «Nation» die unsagbar traurige Geschichte des jahrelang sexuell missbrauchten Verdingbuben Chrigel publiziert hat. Die verantwortlichen Personen und Behörden können sich nicht mehr herausreden. Das Schicksal unzähliger Verding- und Anstaltskinder schreit zum Himmel.

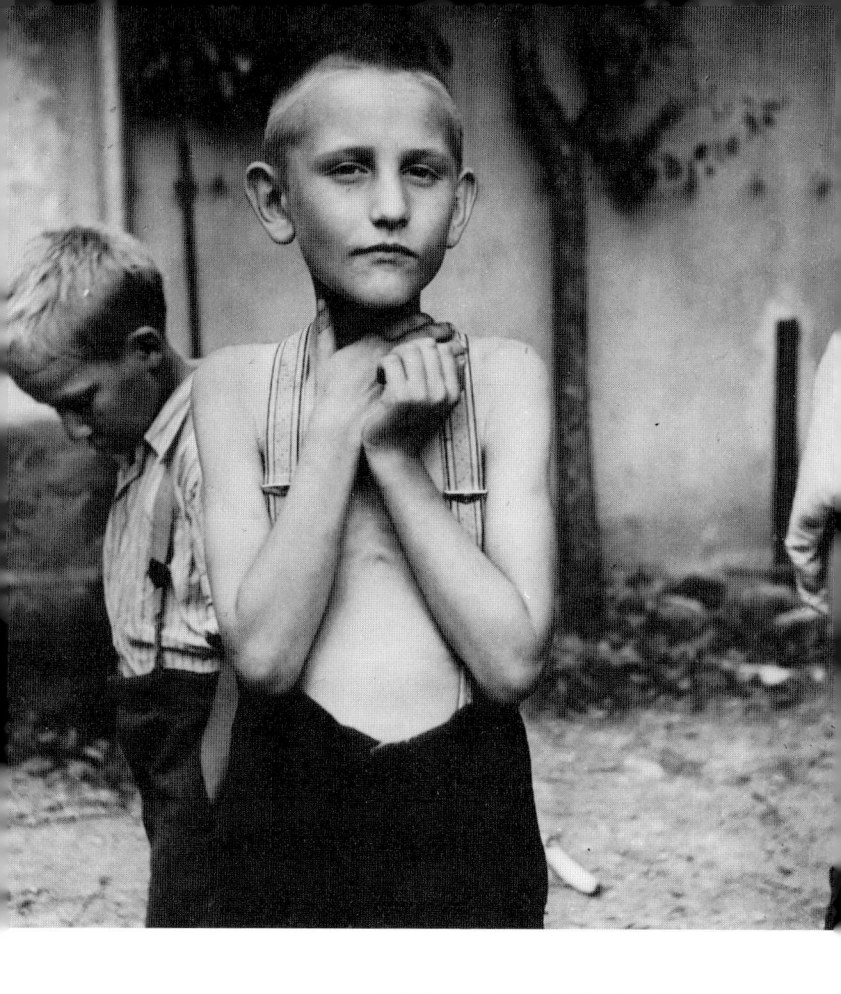

Die Gesichter dieser beiden Anstaltskinder aus der Erziehungsanstalt Sonnenberg bei Luzern sprechen Bände. Angst, Resignation und tiefes Leid haben sie gezeichnet. Sie werden nicht erzogen, sondern geschlagen, herumgeschupft und gedemütigt. Der ihnen zugefügte psychische Schaden ist nie mehr gutzumachen. Der Verwalter kommt vor Gericht.

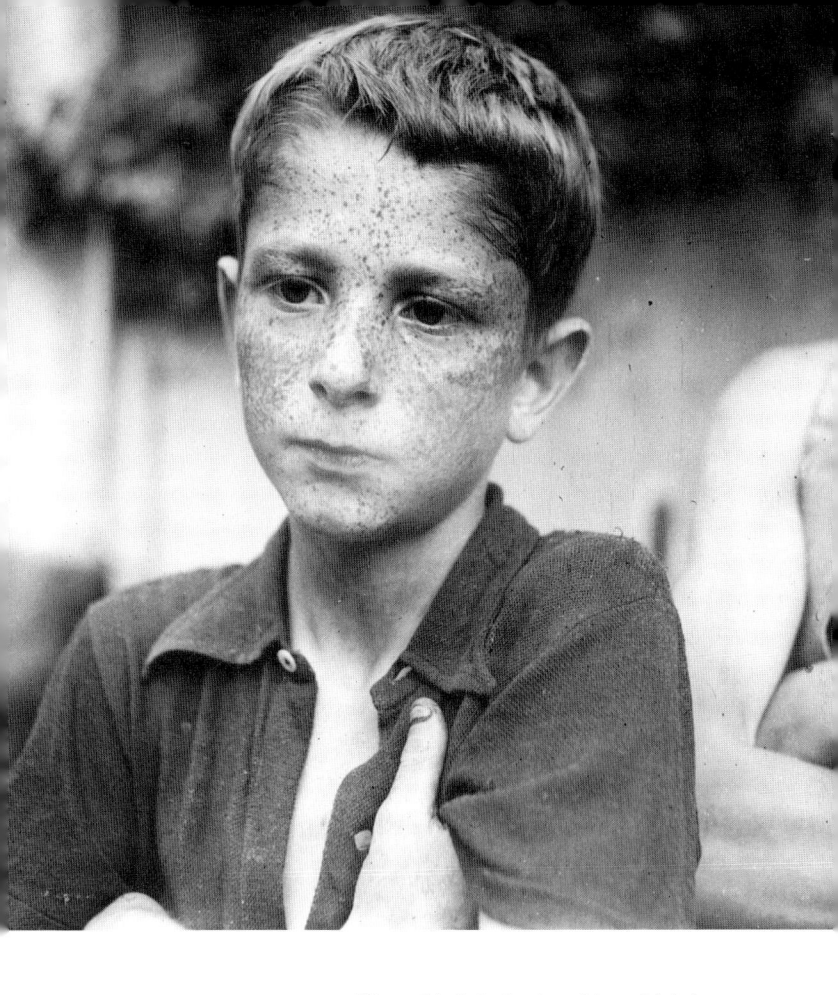

«Warum bis du in der Anstalt?» – «Ich habe gestohlen» «Was hast du gestohlen?» – «Zucker» «Wo hast du Zucker gestohlen?» – «Zu Hause in der Küche» «Möchtest du gern wieder heim?» – «Ja, ja, zur Mutter» «Wie lange bist du schon da?» – «Bald ein Jahr» «Wirst du geschlagen hier?» – «Ja» (Originalbildlegende aus der Reportage über die Erziehungsanstalt Sonnenberg)

Der Krieg ist vorbei, doch unter dem Freudentaumel des wiedergewonnenen Friedens schwelt eine versteckte und verschämte Armut, wie sie in der «Bettelsuppe», die das Basler Claraspital für alte Männer abgibt, ihren Ausdruck findet.

«Wer einmal aus dem Blechnapf frisst…»

Zwei alte Männer, die geduldig auf die barmherzige Nonnen warten, die ihnen die einzige warme Mahlzeit des Tages verabreichen.

Die Bilder der nächsten Seiten
Im Sommer 1944 fährt der Autor zusammen mit dem Photographen Paul Senn ins Wallis. Dort hat Schwester Marie-Rose Zingg aus eigener Initiative die ärmsten der armen Kinder eingesammelt und versucht, sie unter grossen persönlichen Opfern zu betreuen.

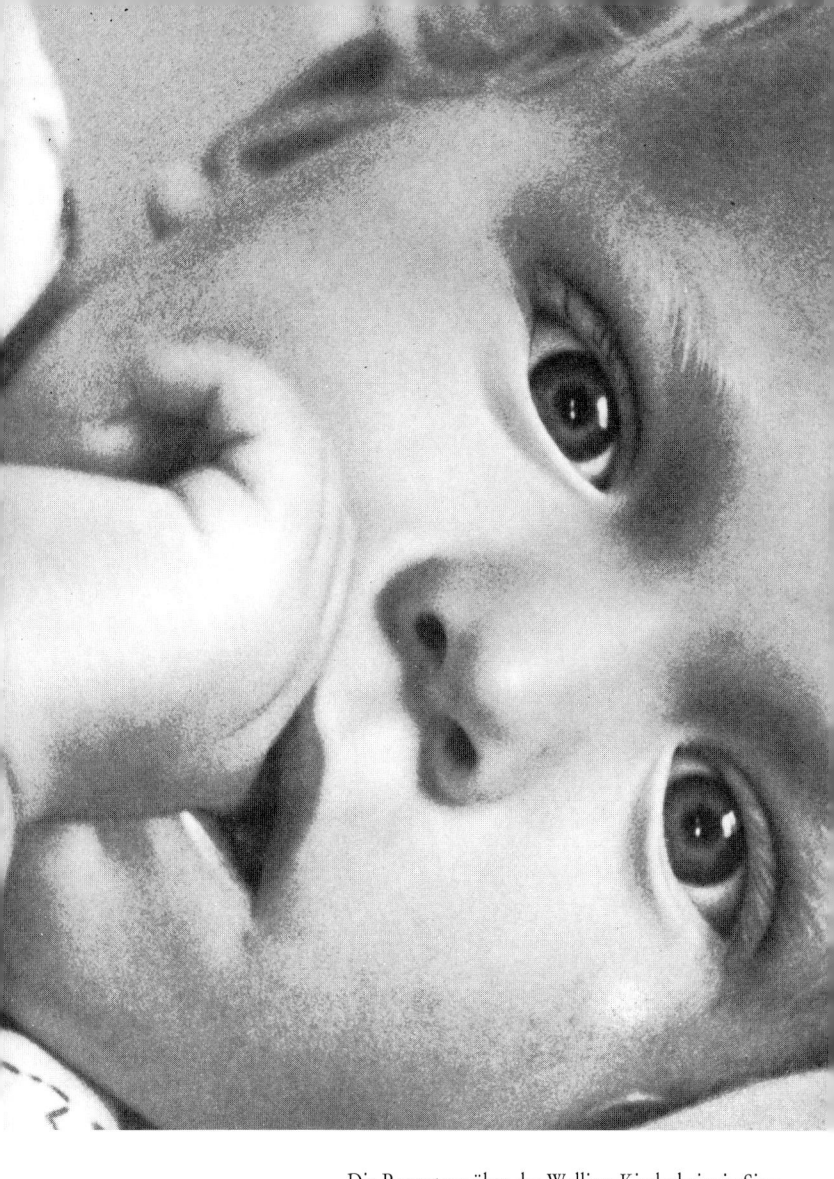

Die Reportage über das Walliser Kinderheim in Sion erregt grosses Aufsehen und weckt eine ungeahnte Hilfsbereitschaft im Schweizervolk. Eine Sammlung der «Nation» ergibt in kurzer Zeit Fr. 50 000.–. Die Zeitung erhält vom Chef des Eidg. Kriegsfürsorgeamtes, Saxer, die Androhung einer Strafanzeige, weil keine Bewilligung eingeholt wurde.

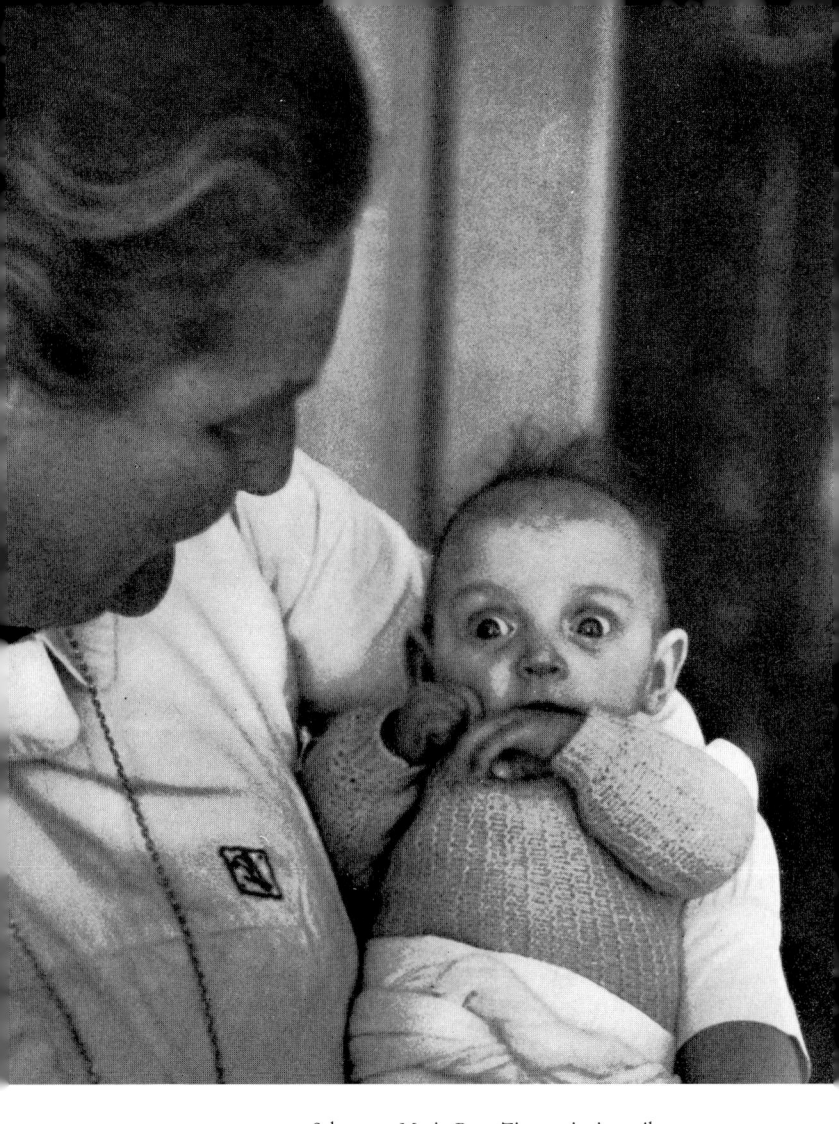

Schwester Marie-Rose Zingg mit einem ihrer
Schützlinge. Erbarmungswürdige Säuglinge, die von
ihren Müttern ausgesetzt wurden, verlassene und
schlecht versorgte Kinder, wurden von ihr liebevoll
aufgenommen. Bei Einzelpersonen, Vereinen,
Soldaten – überall im Schweizervolk wurde
gesammelt. Das Sozialwerk einer mutigen Frau
wurde gerettet. Trotzdem bezeichnete eine
angesehene Zeitung den Aufruf der «Nation» als
«Hetzartikel».

Ich heisse Claudie. Meine Mutter hat mich eines Tages ins Kinderheim gebracht und – eine falsche Adresse angegeben. Sie ist nie mehr gekommen. Ich gehörte niemandem und darum wollte man mir auc keine Lebensmittelkarten geben. Warum, weiss ich nicht.

Doch die meisten Koryphäen, die mir ehemals bewundernde Briefe schrieben und mich ihrer Hochachtung versicherten, blieben stumm.

Ein weisser Rabe sprach aus, was andere nur dachten, aber bewusst verschwiegen. Der Briefkastenonkel von Radio Basel, Walter Bernays, der sich auch als Gerichtsberichterstatter einen guten Namen gemacht hatte, stellte die Dinge ins richtige Licht. Kurz vor dem nun endlich angesagten Prozessbeginn, im Januar 1949, schrieb er im «Basler Stab» einen Kommentar, der zwar vielen Leuten unangenehm war, der aber gerade deshalb vom Rest der Presse totgeschwiegen wurde. Während sonst jedes Käseblatt alles, was gegen mich sprach, unbesehen und eilfertig weiterkolportierte, wurde diese Stimme beharrlich ignoriert. Bernays schrieb:

«In einem demokratischen Rechtsstaat wie der Schweiz gilt ein Mensch als unschuldig, bis ihm ein ordentliches Gericht nachgewiesen hat, dass er schuldig ist, und bis er deswegen verurteilt oder zumindest schuldig gesprochen wurde. Das ist der Unterschied zwischen einem ordentlichen demokratischen Gerichtsverfahren und der Volksjustiz der volksdemokratischen Gerichtshöfe. Um jemanden als schuldig zu bezeichnen, genügt es nicht – bei uns in der Schweiz – eine Anklage zu erheben. Man muss auch einen Prozess durchführen und den Angeklagten verurteilen. So lange das nicht geschehen ist, so lange muss man damit rechnen, dass der Prozess mit dem Freispruch des Angeklagten endet. Theoretisch ist das eigentlich immer möglich.

Stellen wir uns also – nur theoretisch! – vor, der Prozess gegen Hirsch wegen der Klage der ‹Nation› ende mit einem Freispruch. Dann könnte Hirsch alle die Zeitungsschreiber, die ihn als Betrüger, als Urkundenfälscher und Erzgauner hingestellt hatten, wegen Ehrbeleidigung verklagen. Er könnte das – wenn nicht inzwischen alles verjährt wäre! Seit der Verhaftung des Angeklagten, (die damals in ziemlicher Eile vor sich ging) sind fast drei Jahre verflossen! Erst jetzt fängt man mit dem Prozess an – nach zwei Jahren verjähren aber alle Ehrbeleidigungen. So, dass der Angeschuldigte, auch wenn er ganz unschuldig wäre, alle Verdächtigungen und Verleumdungen auf sich sitzen lassen müsste. Das ist nicht recht. Prozesse, und vor allem politische Prozesse, bei denen die Angeklagten mit vollem Namen in der Öffentlichkeit herumgezogen werden, soll man nicht so lange verschleppen...»

Gerade das war aber der Zweck der Übung. Wörtlich schrieb Bernays im «Basler Stab»: «Es ist grundsätzlich ungehörig, dass zwischen der Strafanzeige (im Jahre 1946) und der Eröffnung des Prozesses (im Jahre 1949) eine so lange Frist liegt. Wie soll ein Angeschuldigter, ob er nun Hirsch heisst oder Meier oder Müller, in den Jahren zwischen Strafanzeige und Prozessbeginn leben? Wie soll er eine Stelle finden und seine Familie erhalten? Es ist schon schwer genug für Strafentlassene – wer aber stellt einen Menschen ein, von dem man weiss, dass er jeden Tag vor Gericht geladen und verurteilt werden kann?»

In jenen Tagen trug ich meine wertvolle Amati-Geige schweren Herzens in die Pfandleihanstalt. Der lumpige Betrag, den ich dafür kassierte, reichte für einen Monat. Der Betreibungsbeamte war ein allzuoft anwesender Gast. Obschon er ein Gesinnungsfreund war oder vielleicht gerade deshalb, nahm er mich besonders scharf unter die Lupe. Als Beamter wollte er sich nicht die geringste Blösse geben. Eines Tages, als er wieder einmal eine sogenannte Taschenpfändung vornahm, (das heisst: Portemonnaie und Brieftasche vorzeigen und durchsuchen lassen), entdeckte er den Pfandschein für die Violine. Er sagte bedauernd, aber trocken: «Den hättest Du mir besser nicht gezeigt. Ich muss ihn beschlagnahmen.»

Ich habe mein geliebtes Instrument nur noch einmal gesehen: Am Tage, da die wertvolle Geige für 250 Franken versteigert wurde. Ich sass im Saal, konnte aber nicht mitbieten. Eine junge Dame erhielt den Zuschlag, klemmte sich den Geigenkasten unter den Arm und verliess strahlend das Lokal.

Seit jenem Tag ist mir das Musizieren gründlich vergangen.

DER PROZESS

«Die Verhandlung ist eröffnet», sagte der Präsident des Strafamtsgerichts Bern am 31. Januar 1949. Man rechnete mit einer Prozessdauer von mehreren Tagen. Seit meiner Entlassung aus der Untersuchungshaft waren dreiunddreissig Monate vergangen, eine fast drei Jahre dauernde, zermürbende Wartezeit. In der Öffentlichkeit war schon Gras über die Anschuldigungen des Untersuchungsrichters gewachsen, doch der Rufmord wirkte weiter wie ein schleichendes Gift. Ich war immerhin der Urkundenfälschung, des Betrugs, des Betrugsversuches und der ungetreuen Geschäftsführung beschuldigt worden. Es hiess, die «Nation» sei durch mich um einen Betrag von Fr. 55 782.69 geschädigt worden.

Das Bewusstsein der öffentlichen Meinung ist wie ein Tümpel, in dem Inhaltsfetzen herumschwimmen, Halbwahrheiten, Behauptungen, Lügen, von denen einige im Gedächtnis haften; andere gehen verloren, wieder andere verwandeln sich ins Gegenteil. Mit solchen Inhalten wurde ich während dreier Jahre immer wieder konfrontiert. Ich hatte mit Freunden und Bekannten unzählige Gespräche geführt, mich verteidigt, Unwahrheiten klargestellt, Widersprüche aufgedeckt. Viele glaubten mir, andere nicht. Es gab keinen Tag, da ich von den Gedanken an den bevorstehenden Prozess loskam. Dazu kam ein aufreibender Existenzkampf, der fast aussichtslos war, denn wer würde noch jemanden beschäftigen, dem man einen solchen Rucksack aufgebürdet hatte? Und wer weiss, dachten viele, vielleicht war ja doch etwas dran...

Drei Jahre sind eine lange Zeit. Man vergisst vieles, und ausserdem hatte ich gute Gründe anzunehmen, dass der Prozess nie stattfinden werde. Würde der Staat es wagen,

mit fadenscheinigen, völlig ungenügenden Beweisen in die Hauptverhandlung zu steigen?
Doch während ich zur Untätigkeit verdammt war, arbeiteten die Fertigmacher fleissig und ungestört weiter. Sie hatten ja viel Zeit.
Als ich Ende Januar 1949 den von Zuschauern und Presseleuten überfüllten Gerichtssaal betrat, war ich nicht mehr der kämpferische Untersuchungshäftling von 1946. Ich war physisch und psychisch ermüdet, doch noch immer glaubte ich, dass es unmöglich sei, mir Vergehen in die Schuhe zu schieben, die ich nie begangen hatte.
Ich hatte meinem Verteidiger eine minutiöse Instruktion geschrieben, die er jedoch mit wenigen Worten abtat. Dr. Walter Wellauer, ein weitherum bekannter Basler Strafverteidiger, dessen scharfe Zunge und unerbittliche Logik gefürchtet waren, beruhigte mich: «Lass mich nur machen. Dieser Prozess wird auf einer anderen Ebene entschieden.»
Zuerst wurde die Urkundenfälschung behandelt. Wenn wir diese entlarven und vom Tisch bringen konnten, war der Prozess praktisch zu Ende. Man warf mir vor, nach meinem Weggang von der «Nation» noch einen Vertrag mit der zürcherischen Organisation der Strassen-Zeitungsverkäufer abgeschlossen und das Schriftstück irgendwie in das Pult meines früheren Büros bei der «Nation» hineinmanövriert zu haben.
Das Wörtchen «irgendwie» tauchte in diesem Prozess immer wieder auf, etwas zu oft. Die Sprache verriet die Unsicherheit, in der sich die Ankläger befanden.
Der Präsident, Dr. Schaad, nahm mich ins Gebet: «Geben Sie zu, mit Adolf Mauch, dem Vertreter der Zürcher Strassenverkäufer, einen Vertrag abgeschlossen zu haben, den Sie erst nach Ihrem Weggang bei der ‹Nation» unterschrieben haben?›
«Nein.»
«Aber Sie erinnern sich an den Vertrag, worin sie Mauch den Strassenverkauf für 5 Jahre zusicherten?»

«Ich erinnere mich genau, dass ich diesen Vertrag mindestens ein halbes Jahr vor meinem Weggang mit Mauch abgeschlossen habe.»
«Wann genau?»
«Im April 1944.»
«Das kann nicht stimmen.»
«Warum nicht?»
«Es liegen zwei Gutachten vor. Eines betrifft die Schreibmaschine, auf der der Vertrag geschrieben wurde. Der Gutachter kommt zum Schluss, dass der Vertrag auf einer Hermes 2000 Br. 409013 geschrieben wurde. Was halten Sie von den Argumenten des Gutachters hinsichtlich der Farbbandintensität?»
«Nichts, Herr Präsident.»
«Das zweite Gutachten betrifft das Alter Ihrer Unterschrift. Es kommt zum Schluss, dass diese Unterschrift nicht im April 1944 geschrieben wurde, sondern erst viel später, in einer Zeit, da Sie gar nicht mehr bei der ‹Nation› tätig waren. Was sagen Sie dazu?»
«Das Gutachten ist falsch.»
Hier griff mein Verteidiger ein. Er bat darum, dem Gutachter einige Fragen stellen zu dürfen, was bewilligt wurde. Der Gerichtschemiker und Privatgutachter Dr. Gerber trat vor, und mein Anwalt fragte ihn:
«Herr Gerber, ist Ihnen bewusst, dass die Altersbestimmung von Tinten in der Kriminalgeschichte sehr umstritten ist?»
«Das weiss ich, doch wir haben heute bessere Methoden.»
«Welche Methoden?»
«Ich habe sie bei Herrn Prof. Bischoff in Lausanne gelernt und genau nach seiner Methode gearbeitet.»
«Und diese Methode hat ergeben, dass mein Mandant den Vertrag erst zwei Monate nach seinem Weggang unterschrieben haben kann, also nicht vor dem 26. Februar 1945?»
«Richtig.»

«Wie erklären Sie sich dann die Tatsache, dass der Nachfolger von Hirsch bei der ‹Nation›, H. Allemann, nach eigener Aussage bereits am 19. Januar 1945 im Besitze einer Photokopie genau dieses Vertrages war?»
«Das ist mir unerklärlich.»
«Mir ist es erklärlich. Ihre Expertise kann nicht stimmen. Damit ist die Unzuverlässigkeit der Tintenaltersbestimmung wieder einmal bewiesen. Ich habe keine weiteren Fragen, bitte aber den Herrn Präsidenten, nun auch einige Fragen an den hier anwesenden Obergutachter, Herrn Professor Bischoff, stellen zu dürfen.»
Vor trat Prof. Bischoff, ein untersetzter, etwas korpulenter Mann, sichtlich verlegen und aufgeregt. Mein Verteidiger fragte:
«Herr Professor, Sie sind der Lehrer von Dr. Gerber und als Gerichtsmediziner hier als Oberexperte für die Schriftprobe eingesetzt.»
«Ja, aber ich habe die Expertise nicht selber gemacht. Das Ergebnis, zu dem Dr. Gerber gekommen ist, wurde durch die üblichen Methoden erzielt. Ich habe mich vergewissert, dass Dr. Gerber exakt nach meinen Formeln vorgegangen ist.»
«Herr Professor, spielt das Klima bei einer Altersbestimmung der Tinte eine Rolle?»
«Unter gewissen Umständen schon.»
«Wurde bei der Analyse darauf Rücksicht genommen, dass die Verantwortlichen der ‹Nation› den Vertrag neun Monate liegen liessen, bevor er in die Hände des Untersuchungsrichters kam?»
«Ich nehme an, dass Dr. Gerber dies berücksichtigt hat.»
«Dann frage ich an dieser Stelle den Gutachter Dr. Gerber, warum er in seinem Gutachten erwähnt, der Sommer 1944 sei ‹extrem warm› gewesen.»
«Das war nur eine Feststellung.»
«Herr Dr. Gerber, weichen Sie mir nicht aus! Wenn Sie schon den Einfluss des Klimas zugeben, wie steht es denn

mit der Tatsache, dass der Winter 44/45 ausgesprochen kalt war? Und welchen Einfluss könnte es auf die Tinte gehabt haben, dass der Vertrag, nachdem Sie im Juli 45 Ihr Gutachten an die ‹Nation› abgeliefert hatten, bis am 25. April 1946 ‹aufs Eis gelegt› wurde? Erst dann hat die ‹Nation› endlich eine Klage eingereicht. Wo lag dieser Vertrag während fast eines Jahres? In einem feucht-kalten Büro, oder hat ihn sogar jemand in den Eisschrank gelegt? Und wo lag der Vertrag in den Jahren 1945, 1946, 1947, 1948 bis Januar 1949, da er nun endlich auf dem Richtertisch liegt?»
Hier unterbrach der Präsident die Befragung und sagte: «Nun gehen Sie zu weit, Herr Dr. Wellauer!»
Dieser aber entgegnete eindringlich: «Herr Präsident, hier sollen zwei unbescholtene Männer zu Kriminellen gestempelt werden mit einem von der Klagepartei bestellten Privatgutachten, das jeder Beschreibung spottet. Man gibt zwar Klimaeinflüsse auf die Tinte zu, ist aber nicht bereit, sie bei der Wahrheitsfindung zu berücksichtigen. Gestatten Sie mir, Herr Präsident, die Befragung von Herrn Professor Bischoff weiterzuführen?»
«Fahren Sie fort.»
«Herr Professor Bischoff, ist es Ihnen bekannt, dass zum Tintenvergleich andere Schriftstücke des Angeschuldigten Surava beigezogen wurden? Darunter solche, die einwandfrei ein Jahr älter sind als der beanstandete Vertrag. Deren Echtheit ist unbestritten.»
«Ich erinnere mich.»
«Dann stelle ich Ihnen nun die Frage, Herr Professor, warum die chemische Analyse der Tinten, die mehr als ein Jahr älter sind, genau gleich ausgefallen ist wie beim angeblich gefälschten Vertrag. Sowohl das Chloridbild als auch das Sulfatbild ist bei allen Dokumenten absolut identisch. Können Sie uns das erklären?»
«Sie haben es ja in meiner Expertise vom 31. Mai 1946 schriftlich.»

«Ich will Ihnen nicht nahetreten, Herr Professor, doch die Frage scheint berechtigt, was von einem privaten Gutachten zu halten sei, das bei zeitlich weit auseinanderliegenden Dokumenten die genau gleichen chemischen Reaktionen feststellt. Und mit einer solchen Methode soll ein Datum auf Wochen genau ‹wissenschaftlich fundiert› bestimmt werden können. Ich kann mir nicht helfen, das klingt doch ziemlich abenteuerlich.»
«Man muss eben alle Faktoren berücksichtigen!»
«Da bin ich genau Ihrer Meinung, Herr Professor! Gerade weil so viele Faktoren Einfluss auf die Tinte haben können, ist ein solches Gutachten einfach nichts wert und an sich eine Ungeheuerlichkeit. Sagen Sie mir ausserdem, wie das Gericht die Richtigkeit einer bereits drei Jahre alten Tintenexpertise jetzt noch nachprüfen könnte.»
Der Professor wurde rot und begann zu stottern. Die Befragung war ihm sichtlich peinlich. Doch mein Verteidiger wartete keine Antwort ab, sondern fuhr mit erhobener Stimme fort:
«Wie, Herr Professor, können Sie es verantworten, zwei rechtschaffene Männer, die sich nie etwas zuschulden kommen liessen, ins Gefängnis zu bringen? Bereits gibt es eine ganze Reihe von Beweisen und Zeugenaussagen, aus denen hervorgeht, dass ein Vertrag schon lange vor den möglichen Daten der Expertise Gerber existierte. Können Sie es wirklich auf Ihr Gewissen nehmen, dass hier jemand für etwas verurteilt wird, was er nie getan hat – nie getan haben kann!»
«Ich kann nur wiederholen, dass Dr. Gerber die Expertise nach dem heutigen Stand der Wissenschaft vorgenommen hat. Ich bestätige die Methode.»
«Das reicht mir. Ich danke Ihnen, Herr Professor.»
Wir atmeten auf. Die erste Schlacht war gewonnen, der Krieg aber ging weiter. Der Gerichtspräsident kam erneut auf das Gutachten über die Schreibmaschine zurück:
«Die fragliche Schreibmaschine wurde am 29. März 1944

durch die Firma Muggli an die ‹Nation› geliefert. Sie hatte damals, so darf man annehmen, ein neues Farbband, das eine rein schwarze Schrift lieferte. Der beanstandete Vertrag ist aber mit einem Farbband geschrieben, das schon ziemlich grau wirkt. Was sagen Sie dazu?»
«Herr Präsident, die Farbbandstärke ist einfach kein Kriterium. Der Experte hat diese Farbbandtheorien erst im März 1949 – also fünf Jahre nach der Erstellung des Vertrags – aufgestellt. Wie will er nach so langer Zeit noch Farbtöne unterscheiden? Darf ich hier eine Schriftprobe zu den Akten geben? Ich habe sie heute früh auf meiner Maschine geschrieben.»
Das Blatt wurde dem Präsidenten überbracht, er überflog es und fragte:
«Was soll ich damit?»
«Sie sehen, Herr Präsident, zwei Texte. Einer ist tiefschwarz, der andere abgenützt und grau. Sie wurden heute in derselben Minute mit dem gleichen Farbband geschrieben.»
«Was wollen Sie damit sagen?»
«Dass man durch einfaches Umschalten von der oberen auf die untere Farbbandhälfte, die schon gebraucht wurde, eine total verschiedene Farbtönung erzielen kann. Darum sind alle diese Vergleiche Unsinn und haben keine Beweiskraft.» Ein langes Palaver zwischen dem Präsidenten, dem Gutachter und den Anwälten brachte keine weitere Klarheit. Der Experte las aus seinem 16seitigen Gutachten vor, wir deckten Widersprüche auf und die Diskussion endete mit einem Hornbergerschiessen. Ich meldete mich nochmals zum Wort:
«Herr Präsident, darf ich noch darauf hinweisen, dass sowohl in der Voruntersuchung wie auch heute in dieser Verhandlung vieles gegen mich angeführt wurde, was nicht schlüssig zu beweisen ist. Minutiös wird alles zusammengetragen, was mich belastet. Ist es nicht ein vornehmes Recht des Gerichts, auch nach den entlasten-

den Tatsachen zu suchen? Muss ich hier nach fünf Jahren ständig meine Unschuld beweisen? Das Gericht muss meine Schuld beweisen, und ich bitte Sie, auch die von meinem Anwalt angeführten – aber hier nicht vorgeladenen – Entlastungszeugen zu zitieren.»
«Wen meinen Sie?»
«Meine Sekretärin, die sich daran erinnert, im Frühling 1944 den Vertrag geschrieben zu haben. Ausserdem meine ich die Leute, die den Vertrag lange vor meinem Weggang bei der ‹Nation› mit eigenen Augen gesehen haben. So den ‹Götti› des Zürcher Zeitungsagenten A. Mauch, den Landwirt und Gemeindeschreiber H. Sch. von H., dem Mauch den Vertrag im Sommer 1944 vorgelegt hatte, um ihm zu zeigen, dass er nicht umsonst so viele Jahre für die ‹Nation› geschuftet hatte.»
Mein Verteidiger stellte den Antrag, den aus unerklärlichen Gründen nicht vorgeladenen eigentlichen Kronzeugen dieses Verfahrens unbedingt auf den nächsten Prozesstag vorzuladen, wenn nötig telefonisch. Der Präsident versprach, sich zu bemühen.
Am andern Tag sagte dieser Zeuge präzise aus, Mauch habe ihn im Juni 1944 besucht und ihm voller Freude den Vertrag gezeigt. Er bekräftigte seine Aussagen mit genauen Schilderungen von Einzelheiten, so dass es sogar in der Urteilsbegründung wörtlich über den Zeugen heisst: «der einen durchaus guten Eindruck macht und ohne Zweifel zuverlässig ist».
Jedes Gericht, das wirklich die Wahrheit finden wollte, hätte eine Aussage, die sogar die Vertragsdauer von 5 Jahren bestätigte, als schlüssigen Beweis für die Unschuld der Angeklagten werten müssen. Doch es blieb dabei: Zeugen, die mich entlasteten, wurden heruntergespielt, während die winzigsten Indizien, die gegen mich sprachen, hochgejubelt wurden.
Die Lage hatte sich nicht verändert. Ich kam mehr und mehr zur Überzeugung, dass ich diesen Prozess nicht

gewinnen konnte. Mein Anwalt sagte: «Was immer auch geschieht, wir appellieren. Das hier ist kein faires Verfahren. Hier passieren Dinge, die vor Obergericht oder Bundesgericht nie vorkommen würden.»
«Da bin ich nicht so sicher», sagte ich.
Die Presse gab Zwischenberichte am nächsten Tag. Die meisten hämisch, stets die Anklagepunkte betonend, Entlastungsargumente verschweigend. Die führende Zeitung der Schweiz notierte allerdings: «Der Angeklagte verteidigt sich mit bemerkenswertem rhetorischen Geschick.»
Nachdem wir aus der Diskussion um die Urkundenfälschung zumindest mit einem klaren Punktesieg aus der Verhandlung gingen, mussten noch die Tatbestände des Betrugs, des Betrugsversuchs und der ungetreuen Geschäftsführung aufs Tapet kommen.
Es kam zu einer detaillierten Wiederkäuung der bereits in der Voruntersuchung bis zur Bewusstlosigkeit durchexerzierten Argumente. Natürlich bestritt ich jede Betrugsabsicht. Der Präsident:
«Geben Sie zu, dass sie unter Berufung auf den gefälschten Vertrag die ‹Nation› veranlasst haben, die im Vertrag festgelegten Bedingungen einzuhalten und dass Sie dadurch dem Mauch einen unrechtmässigen Gewinn zugehalten haben.»
Nun wurde ich zornig. Ich wollte sagen, dass das alles ein erfundener und blühender Unsinn sei, doch mein Verteidiger unterbrach mich und wandte sich an den Präsidenten:
«Gestatten Sie eine Zwischenbemerkung, Herr Präsident.»
«Bitte.»
«Ich muss hier einmal in aller Form dagegen protestieren, dass hier ständig von einem ‹gefälschten Vertrag› die Rede ist. Der Vertrag im Original liegt vor, es gibt keine Fälschung. Es gibt eine Meinungsverschiedenheit über das Alter der Tinte bei den Unterschriften, das ist etwas anderes. Es ist unstatthaft, vor dem Urteil von einem gefälschten Vertrag zu reden und meinen Mandanten

schon jetzt gegenüber der Öffentlichkeit als einen Schelm darzustellen. Wir sollten uns vielleicht darauf einigen, dass zwei Dinge auseinandergehalten werden müssen: Erstens der Vertrag, von dem die Ankläger behaupten, Hirsch habe ihn nicht im Frühling 1944, also etwa ein halbes Jahr vor seinem Austritt aus der ‹Nation› geschrieben und unterschrieben, sondern erst zwei Monate nach seinem Ausscheiden. Zweitens geht es darum, ob Hirsch überhaupt berechtigt war, den Preis für die Zeitung eigenmächtig festzusetzen. Dies sollte man auseinanderhalten. Das eine wäre eine Urkundenfälschung, das andere eventuell ungetreue Geschäftsführung. Lassen Sie mich zuerst die Fakten zum Vertrag selbst darlegen...»
Hier unterbrach der Präsident den Anwalt und sagte: «Herr Dr. Wellauer, ich habe eigentlich dem Angeklagten eine Frage gestellt, und nun holen Sie zu einer Art Plädoyer aus.»
Wellauer erwiderte, es gehe ihm hier lediglich um eine Klärung der Begriffe, die immer mehr durcheinandergerieten und er bitte, fortfahren zu dürfen.
«Aber werden Sie nicht zu lang», sagte der Präsident.
Wellauer ernst und bestimmt: »Herr Präsident, es ist meine Pflicht, im Laufe des Verfahrens die Interessen meines Mandanten zu wahren. Diesem Mann wird etwas vorgeworfen, was er nie getan hat, und ich kann es beweisen. Ich glaube nicht, dass Sie mich daran hindern wollen.»
«Fahren Sie fort», sagte der Präsident.
Dr. Wellauer:
«Der beanstandete Vertrag ist das Herzstück dieser Anklage. Er erinnert mich an das berühmte *borderau*, den gefälschten Bankbeleg aus dem Fall Dreyfus. Auch dort hat ein Expertengutachten alle andern Beweismittel hinweggefegt.»
«Nun gehen Sie aber etwas weit, Herr Doktor! Sie wollen doch nicht den Fall Dreyfus mit dieser relativ harmlosen Sache vergleichen, die wir hier behandeln!»

«Herr Präsident! Es geht mir nicht um einen Vergleich. Recht ist Recht, Unrecht ist Unrecht, ohne Ansehen der Person und ohne eine Wertung der Bedeutung eines Delikts. Es ist uns doch allen klar, dass bei diesem Fall unbestreitbar politische Motive hineinspielen. Umso vorsichtiger muss er beurteilt werden. Ich lasse es nicht zu, dass hier nur mit höchst fragwürdigen Indizien gearbeitet wird. Alle Angaben der Schreibmaschinengutachten sind verwirrend und widersprüchlich. Wir wissen nur, dass die Maschine, auf der der Vertrag geschrieben wurde, in den Büros der ‹Nation› stand und heute noch dort steht. Wie also hätte Hirsch nach seinem Austritt Ende 1944 auf dieser Maschine noch einen Vertrag schreiben können? Genügt das immer noch nicht? Mit diesem Vertrag steht oder fällt die Anklage. Nicht Hirsch hat den Vertrag gefälscht oder manipuliert, sondern hier wird ein normales Geschäftsdokument so interpretiert, dass man ihm damit einen Strick drehen kann.
Ganz besonders schwerwiegend ist der Umstand, dass die Klägerin und die Behörde durch die Verschleppung des Verfahrens es der Verteidigung völlig unmöglich machten, ein neutrales Gegengutachten einzuholen. Wir schlagen uns hier mit einem verwirrenden Privatgutachten herum, und was Herr Professor Bischoff dazu sagte, haben wir ja gehört. Ich kann mir nicht vorstellen, dass jemand in diesem Saal sitzt, der dabei nicht ein peinliches Gefühl hatte. Über die sogenannte ‹ungetreue Geschäftsführung› kann sich mein Mandant selber äussern.»

Der Präsident fuhr fort:
«Ich habe den Angeklagten gefragt, ob er zugebe, dass er die ‹Nation› veranlassen wollte, die Bedingungen des Vertrages gegenüber Mauch einzuhalten und dass er dadurch Mauch einen unrechtmässigen Gewinn verschaffen wollte.»
«Herr Präsident, das sind zwei Fragen. Selbstverständlich habe ich Mauch geraten, auf der Erfüllung des mit mir als

Geschäftsleiter der ‹Nation› rechtmässig abgeschlossenen Vertrages zu bestehen. Es war seine Sache, die er selber vertreten musste. Von einem unrechtmässigen Gewinn kann keine Rede sein.»
«Aber Mauch hat dadurch geschäftliche Vorteile erhalten!»
«Herr Präsident, wir leben doch in einer freien Marktwirtschaft, nicht wahr?»
«Was hat das damit zu tun?»
«Sehr viel. Ich war – das geht aus den Akten klar hervor – vom Vorstand der ‹Nation› bestellter Geschäftsführer. Nachdem ich die Zeitung mit einem jährlichen Defizit von rund Fr. 50 000.– übernommen hatte, wollte ich sie aus den roten Zahlen bringen. Das war nur über eine kräftige Auflagesteigerung möglich.»
«Dann hätten Sie ja auch den Preis erhöhen müssen!»
«Eben nicht! Ich habe zwar später, als die Zeitung gut lief, den Preis der Teuerung angepasst, aber vorerst musste ich das Blatt unter die Leute bringen. Und das ging damals nur über aktive Zeitungsverkäufer. Ich gab ihnen pro Exemplar einen Fünfer mehr, und sie liefen wie die Wiesel durch die Stadt, in die Restaurants, und der Gesamtgewinn stieg trotz der kleineren Marge an der einzelnen Ausgabe. Jeder Zeitungsverleger kann das bestätigen, aber auf diesem Gebiet wurde kein Fachmann, sondern ein Steuerberater mit der Expertise beauftragt. Ein Buchhalter ist da überhaupt nicht zuständig.»
«Sie geben also zu, eine eigenmächtige Preispolitik verfolgt zu haben?»
«Natürlich gebe ich das zu. Ich war ja dazu legitimiert. Und ausserdem wurde meine Tätigkeit jahrelang vom Vorstand und den Revisoren überwacht und gutgeheissen. Ich habe also stets im vollen Einverständnis mit meinen Arbeitgebern gehandelt.»
«Nur mit dem Unterschied, dass diese heute anderer Meinung sind.»

«Hier geht es nicht um Meinungen, sondern um Tatsachen. Ich bitte Sie, Herr Präsident, die bei Ihren Akten liegenden Protokolle und Revisorenberichte 1941, 1942, 1943 und 1944 verlesen zu lassen.»
«Wir sind hier kein Geschworenengericht.»
«Leider. Aber dann erlauben Sie mir, nur aus dem letzten Protokoll vor meinem Weggang einige kurze Zitate zu meiner Verteidigung zu verlesen. Sie haben die Frage der Kompetenz aufgeworfen, nicht ich.»
«Aber machen Sie es kurz.»
«Da heisst es u.a. ‹Herr Surava verliest den Jahresbericht. Die Revisorin verliest den Revisorenbericht und teilt mit, dass die Rechnung mit grosser Sorgfalt und Gewissenhaftigkeit geführt sei. Dasselbe treffe zu für die Verwaltung des Betriebes. Die Revisorin stellt den Antrag, die Generalversammlung möge dem Buchhalter und der Geschäftsführung Décharge erteilen. – Die Generalversammlung erteilt der Geschäftsleitung (Surava) und dem Buchhalter einstimmig Décharge. Herr Surava referiert über das Budget pro 1944.»
Diese Erklärung verfehlte im Saal nicht ihre Wirkung. Der Präsident merkte, dass es hier keine Lorbeeren zu holen gab und lenkte auf ein anderes Gebiet ab:
«Bestanden damals Spannungen im Vorstand über Ihre Redaktionsführung?»
«Ich weiss nicht, was Sie meinen.»
«Waren Sie nicht einigen Leuten zu angriffig?»
«Alle Fragen wurden kollegial besprochen, wie dies auf jeder Redaktion üblich ist. Ich kann aber aus dem soeben verlesenen Protokoll auch dazu etwas zitieren. Anwesend waren auch als Vertreter der Gewerkschaften die Herren Peter Bratschi und Willy von Büren. Ich lese das Votum von Büren: ‹Herr von Büren findet, man sollte in der Schreibweise nicht zimperlich sein. Er ist sehr einverstanden mit der bisherigen Schreibweise der ‹Nation›.»

«Trotzdem hat die ‹Nation› gegen Sie diese Klage eingereicht. Wie erklären Sie sich diesen Wandel in der Beurteilung Ihrer Arbeit?»
«Diese Frage ist nicht relevant, aber ich kann Sie beantworten. Nachdem ruchbar wurde, dass ich nicht mehr bei der ‹Nation› sei, als meine Beiträge ausblieben, sackte die Auflage von über 100 000 rasch ab. Die Zeitung näherte sich wieder den roten Zahlen, nachdem sie unter meiner Leitung noch Fr. 50 000 Gewinn eingebracht hatte. Ein Absturz, wie er in der schweizerischen Zeitungsgeschichte meines Wissens nie vorgekommen ist. Der neue Geschäftsleiter Allemann und der verbleibende Redaktor Schnöller kamen in eine schwierige Lage. Alle Ausreden über die ‹Ungunst der Zeit› halfen nichts. Jemand kam dann auf die Glanzidee, meine frühere Geschäftspolitik als Sündenbock heranzuziehen. Surava habe den Zeitungsverkäufern zuviel gegeben und dieser Betrag fehle nun eben. Unglücklicherweise habe er aber die ‹Nation› mit einem Vertrag an die Zeitungsverkäufer gebunden. Was lag da noch näher, als ihn der ‹ungetreuen Geschäftsführung› zu bezichtigen. Damit würde zweierlei gelingen: Man konnte den eigenen Kopf aus der Schlinge ziehen und den ehemaligen Kollegen belasten.»
«Das klingt aber ziemlich unlogisch.»
«Ist es auch, Herr Präsident. Das kann nur Leuten einfallen, die keine geschäftlichen Kenntnisse haben.»
«Und Sie, wie stand es um Ihre kaufmännische Bildung?»
«Ich habe eine kaufmännische Lehre absolviert und das Diplom des Kaufmännischen Vereins bestanden.»
«Haben Sie sonst noch etwas beizufügen? Ich möchte für heute Schluss machen.»
«Ja, das habe ich, Herr Präsident. Ich fühle mich völlig unschuldig. Ich habe nichts von dem, was man mir hier vorwirft, getan. Ich habe den beanstandeten Vertrag zu einer Zeit unterschrieben, als ich voll in Amt und Würden war. Ich hatte volle Kompetenz, die Preise und Margen

selber zu bestimmen. Jahrelang wurde alles gebilligt, und man war des Lobes voll über meine Arbeit. Ich habe weder Mauch noch mir einen Vorteil verschafft. Mauch hat ehrliche Arbeit geleistet. Er war stark mitbeteiligt am Erfolg der Zeitung. Wir sind beide nicht gewillt, als Sündenböcke für die Unfähigkeit meiner Nachfolger den Kopf hinzuhalten.»
«Wir machen morgen früh weiter. Sitzungsbeginn 8 Uhr.»
Es herrschte eine erregte und aufgekratzte Stimmung im Gerichtssaal. Einige Kollegen kamen auf mich zu und sagten: «Du hast es überstanden. Bei diesem Tatbestand ist eine Verurteilung nicht mehr denkbar.»
Mein Verteidiger und ich gingen in die «Walliserkanne», tranken eine Flasche Fendant und assen mehrere Raclettes, die dort ein alter bärtiger Weiser vom Käse am offenen Feuer strich. Später gingen wir mit einigen Freunden noch in den «Turm», meine ehemalige Stammbeiz in Bern. Der Wirt sagte: «Die Gitarre ist immer noch da. Wir halten sie in Ehren. Sie könnten doch heute abend noch etwas singen, das hintere Stübli ist frei.»
Ich konnte nicht.

CHOR DER AUGUREN

Es läuft nicht ganz nach Wunsch. Der Bursche ist hartnäckig, und einige Anklagen sind schwach, aber ein Freispruch ist kaum zu erwarten. Und ausserdem wird ja morgen vormittag die «Bombe» platzen. Das dürfte dann reichen.

IM NIEMANDSLAND

In der Nacht machte ich mir einige Gedanken über den kommenden Tag. Juristisch lief alles recht gut. Das Gericht war nicht unbedingt gegen mich. Ein Richter war hilfreich, wann immer er konnte. Er warf Fragen auf, die zu meinen Gunsten beantwortet werden konnten. Der Präsident selbst, korrekt, manchmal fast väterlich, tat nichts, aber auch gar nichts, um Entlastungszeugen oder für mich sprechende Umstände zum Zuge kommen zu lassen. Im Gegenteil.
Noch war ich hellwach, aber das ganze Theater begann mich anzuekeln. Ich vernahm eine innere Stimme, die mir sagte: «Hör' doch auf! Es ist verloren. Niemand wird dir helfen. Sie können es sich gar nicht leisten, dich freizusprechen, und für den äussersten Notfall haben sie ja noch eine dir wohlbekannte Sicherung eingebaut.»
Eine Klage meiner ersten Frau, von der ich geschieden war, wurde mit dem «Nation»-Prozess vereint. Selbst wenn der Fall «Nation» auch ganz zu meinen Gunsten ausging, würde ich bei der Vernachlässigung der Unterstützungspflicht fast sicher einen «Klecks ins Reinheft» einfangen. Jede Verurteilung – auch nur in diesem einen Punkt – würde das ganze Verfahren belasten. Mein Gefühl sagte mir: Gib morgen früh gleich eine Erklärung ab, worin du sagst, du seiest zur Überzeugung gelangt, dass der Zweck des Prozesses nicht die Wahrheitsfindung sei, sondern die Verurteilung eines bereits Vorverurteilten. Erkläre, dass du ab sofort jede Aussage verweigern würdest und dass sie tun und lassen könnten, was sie wollten.
Meine innere Stimme hatte wie schon so oft in meinem Leben recht. Eine so gross aufgezogene Geschichte, mit Untersuchungshaft, mit einem Presseecho ohnegleichen, mit einer dreijährigen «Wartezeit» bis zur Hauptverhand-

lung – das alles durfte doch nicht ein Berg sein, der am Schluss eine Maus gebären würde! Und hätte ich erst die Natur der Bombe gekannt, die noch gezündet werden sollte, wäre eine solche Distanzierung richtig gewesen. Aber ich kannte in jener Nacht weder die Struktur der Bombe noch ihre düstere Herkunft.
Tags darauf folgte wohl die gefährlichste Klippe des Prozesses: Die Vernachlässigung der Unterstützungspflicht. Es widerstrebt mir, und es war mir auch vor Gericht peinlich, die durch die Ehescheidung entstandene finanzielle Misere als Erklärung anzuführen. Ich hatte mich bei der Scheidung dazu verleiten lassen, meine Freiheit zu teuer zu erkaufen. Meinen Verhältnissen nicht mehr anpassbare Unterhaltsbeiträge belasteten mich schwer. Inzwischen waren meine zweite Frau und unsere beiden Kinder zu ernähren. Es reichte einfach nicht mehr.
Otto Lehmann von Radio Basel liess mich Hörspiele für Kinder unter einem Pseudonym schreiben. Jemand verriet meine «Schwarzarbeit», und Otto Lehmann musste zweimal nach Bern reisen und von Bundesrat Etter die schwersten Vorwürfe entgegennehmen. Bei einem Haar hätte er seine Stellung verloren. Auf den Einwand, man könne doch meine Kinder nicht hungern lassen, soll der gute Christ gesagt haben, darauf könne er keine Rücksicht nehmen. Rache für die katholische Knabenerziehungsanstalt im Luzernischen, die nach meinem Bericht über die dortigen Zustände aufgeflogen war? Ich meinerseits rächte mich später, als ich die elektrische Wanderschrift am Barfüsserplatz bediente, mit einer Meldung zum 50. Geburtstag des Bundesrates. Es war die Idee C.F. Vauchers, eine Gratulation besonderer Art durch die Nacht flimmern zu lassen: *Heute feiert Bundesrat Etter in völliger geistiger Frische den 50. Geburtstag.* – «Aber das kannst Du natürlich nicht laufen lassen», sagte Vaucher. Ich konnte.
Die Not wurde gross und grösser. Das Einkommen reichte nicht mehr für ein Zimmer, geschweige denn für eine

Wohnung. C.V. Vaucher, der Mann mit dem grossen Herzen, nahm meine Familie in sein «Berghöfli» in Herrliberg auf und überliess uns den Dachstock. Bei ihm lernte ich eine Reihe von Schauspielern und Künstlern kennen, die allesamt nicht an meine Schuld glaubten. Heinrich Gretler, Maria Becker, Max Hauffler, Alfred Rasser, Edith Carola, Jean-Pierre Gerwig, H.U. Steger. Die Selbstverständlichkeit ihrer Freundschaft ist mir unvergesslich.
Jemand sagte: «Versuche es doch einmal mit der Presseagentur Dukas.»
Die geschäftstüchtige Besitzerin hatte in Zürich eine Presseagentur gegründet. Da es damals in der Schweiz viele Emigranten gab, die nicht arbeiten durften, betreute sie Journalisten und Schriftsteller und leitete ihre Arbeiten an geeignete Zeitungen weiter, natürlich ohne ihre Namen preiszugeben. Die Ungunst der Zeit für schreibende Flüchtlinge wurde für ihre Agentur zur Gunst der Zeit. Sie vermittelte Leute von Rang und Namen wie Hans Habe, Robert Jungk und andere, die meisten unter Decknamen. So avancierte auch ich zum Ghostwriter in vielfacher Hinsicht.
Am Vormittag des neuen Prozesstages lief alles gut. Der Anwalt meiner ersten Frau, ein Beamter der Berner Vormundschaftsbehörde, namens Dr. Hofmann, versuchte nicht ungeschickt, mich moralisch als Weissgottwas hinzustellen, doch mit relativ kleinem Erfolg. Er holte sich sogar vom Präsidenten einen indirekten Verweis, als dieser sagte: «Aber Herr Dr. Hofmann, wir wollen es doch Herrn Hirsch nicht zum Vorwurf machen, dass er praktisch jede Arbeit annimmt, um seine Familie zu ernähren.»
Wenn ich 40 Jahre später das sprachliche Monstrum der schriftlichen Urteilsbegründung erneut lese, stosse ich auf eine Fülle von leicht widerlegbaren Ungenauigkeiten. Es fehlt alles, was zu meinen Gunsten spricht. Manchmal wird der Text bei der genüsslichen Schilderung meiner Intimsphäre klatschsüchtig. Da heisst es z.B. wörtlich:

«Es kann sich in diesem Verfahren nicht darum handeln, die Vielseitigkeiten der Liebesverhältnisse des Angeschuldigten einer Kritik zu unterziehen... Alles Übrige ist Sache des Temperaments und der moralischen Einstellung.»
Das väterlich-heuchlerische Herumwühlen in meinem Privatleben lag ganz im Sinne der Grundlinie des Verfahrens. Jede Gelegenheit, beim braven Bürger auch nur unterschwellig eine moralische Verurteilung meiner Person zu fördern, wurde weidlich ausgenützt. Das Bild des «unseriösen Lebenswandels» kam dem Gegenanwalt sehr gelegen. Er bat das Gericht um eine kleine Unterbrechung, weil ihm ein Dokument überbracht werde. Er verliess den Saal und kam nach wenigen Minuten mit einem triumphierenden Lächeln zurück. Als er an meinem Stuhl vorbeiging, sagte er leise zu mir: «Jetzt platzt eine Bombe.»
Und sie platzte umso wirksamer, weil sie ein unerwarteter Schuss aus dem Hinterhalt war, ein Schrapnell, ein Rundumschlag, der vieles zerstörte, was mühevoll aufgebaut worden war.
Auf irgendwelchen Wegen war es dem Anwalt meiner ersten Frau, Dr. Hofmann, gelungen, mit der Besitzerin der Presseagentur Dukas Verbindung aufzunehmen und sie zu überreden, ihm unter strengster Diskretion zu verraten, welche Beträge sie an mich ausbezahlt hatte. Sie gab ihm bereitwillig Auskunft, bat aber immer wieder um absolute Verschwiegenheit, damit ihr Name unter keinen Umständen vor Gericht genannt werde, ein Wunsch, den Dr. Hofmann kaltblütig ignorierte.
Ich hatte Lotte Dukas gebeten, gewisse Honorare, die sie für mich kassiert hatte, vertraulich zu behandeln. Die «Kuh», die von allen Seiten gemolken wurde, musste überleben, wenn sie weiter Milch geben sollte. Es war reine Notwehr. Doch unglücklicherweise war ich noch unvorsichtiger als Frau Bundesrätin Kopp: ich telefonierte nicht; ich schrieb einen Brief.

Mit diesem Brief in der Hand (er schwenkte ihn wie eine Fahne) trat Dr. Hofmann erneut an sein Rednerpult und erklärte nun laut: «Es wird nun eine Bombe platzen.»
Dann verlas er meinen verhängnisvollen Brief an Frau Dukas, worin ich sie bat, einige Honorare zu verschweigen, weil ich das Geld dringend für meine jetzige Familie brauchte, die in grosser Not war.
Damit hatte ich selber die Voraussetzungen für eine neue Klage wegen Anstiftung zum falschen Zeugnis geschaffen. Es wurde zwar anerkannt, dass ich dabei keinen eigenen Vorteil gesucht hatte, was aber nichts mehr änderte.
Ich wehrte mich, so gut es ging, gab alles zu und versuchte zu erklären, dass ich zwischen die Mühlsteine berechtigter, aber unerbittlicher Ansprüche und diejenigen des Herzens geraten war.
Wenn ich meine Notizen zur Verteidigung lese, kommen sie mir vor wie die Argumente eines Ertrinkenden gegen das tobende Meer. Es ist schwierig, sich in die Überlegungen von Frau Dukas einzufühlen. Die Beweggründe ihrer unnötigen und für mich verhängnisvollen Indiskretion sind mir unerklärlich. Einerseits legte sie selbst grössten Wert auf Verschwiegenheit, anderseits machte sie nun die Zusammenarbeit mit mir selber publik. Offenbar wollte sie durch diesen Rösselsprung den öffentlichen Beweis erbringen, dass sie keinerlei Rücksichten auf den nun in die Schusslinie geratenen Mitarbeiter nehme, indem sie ihn rücksichtslos preisgab.
Für mich bedeutete dies praktisch eine Art «Hinrichtung». Welche abgründigen Gefühle diese Guillotine zum Fallen brachten, ist mir schleierhaft. Der Erfolg der Aktion jedenfalls war durchschlagend: Meine Glaubwürdigkeit war erschüttert.
Wiederum war es ein einziger, der den Mut hatte, aus der Phalanx der Fertigmacher auszuscheren. Der damals hochangesehene Briefkastenonkel von Radio Basel, Walter Bernays, schrieb im «Basler Stab» einen Kommentar,

der die Absurdität der Klage wegen mangelnder Unterstützungspflicht beleuchtete:
«Im Augenblick, da er (Hirsch) verhaftet wurde, hatte er seine Unterstützungspflicht noch ordnungsgemäss erfüllt gehabt. Dass er sie später nicht mehr erfüllt hat, hängt sicherlich zum Teil damit zusammen, dass zwischen Strafanzeige und Prozessbeginn eine so lange Zeit (fast drei Jahre) verstrichen ist, dass dadurch – neben eigenem Verschulden – eine immer schwierigere Situation kommen musste.»
Genau so war es.

Das Urteil bestätigte meine Befürchtungen. Die nach Meinung des Gerichts vernachlässigte Unterstützungspflicht wurde mir zum Verhängnis und belastete den Prozess um die «Nation» schwer. Es war leichter geworden, eine Verurteilung zu rechtfertigen.
Ich wurde freigesprochen von der «Anschuldigung auf ungetreue Geschäftsführung», angeblich begangen in Bern in den Jahren 1943 bis 1944 zum Nachteil der Verlagsgenossenschaft «Die Nation» dadurch, dass ich die Zeitung im Strassenverkauf zu billig verkaufen liess, wodurch die Verlagsgenossenschaft um einen Betrag von Fr. 55 782.69 geschädigt worden sei.
Mauch wurde von der Anschuldigung auf Veruntreuung freigesprochen.
Während der Staat meine Verfahrenskosten übernahm, wurden Mauch Verfahrenskosten von Fr. 6000.– zur Zahlung auferlegt.
Beide Angeklagten wurden dagegen schuldig erklärt:
der Urkundenfälschung, des Betrugs und des Betrugsversuches, gemeinsam begangen, weil sie unter Berufung auf einen gefälschten Vertrag die Verlagsgenossenschaft

«Die Nation» veranlassen konnten, die in diesem Vertrag festgelegten Bedingungen einzuhalten, wodurch dem Mauch ein unrechtmässiger Gewinn zufiel, und des Versuchs, die «Nation» zur Einhaltung des Vertrages bis Vertragsende zu veranlassen, wodurch sie «um einen Betrag geschädigt worden wäre, der nicht näher bestimmbar ist».
Ich selber wurde ausserdem der Vernachlässigung der Unterstützungspflichten und des Versuchs zur Anstiftung zu falschen Zeugenaussagen schuldig erklärt.
Der Zeitungsverkäufer Mauch wurde zu 9 Monaten Gefängnis ohne Abzug der Untersuchungshaft, unter Gewährung des bedingten Strafvollzuges bei Auferlegung einer Probezeit von vier Jahren verurteilt.
Ich erhielt eine Strafe von einem Jahr Gefängnis ohne Abzug der Untersuchungshaft, unter Gewährung des bedingten Strafvollzugs bei Auferlegung einer Probezeit von ebenfalls vier Jahren. Die Kosten beliefen sich auf über zehntausend Franken.

Nach der Urteilsverkündung gab es mit meinem Anwalt eine Lagebesprechung und ein Nachtessen in der «Reblaus». Ich verwies auf die offenkundigen Widersprüche des Urteils. Einerseits wurde ich von der ungetreuen Geschäftsführung freigesprochen. Man hatte also davon abgesehen, mich wegen meiner Preispolitik beim Verkauf der «Nation» zu verurteilen. Der Strick, den man mir damit drehen wollte, griff offenbar nicht. Anderseits wurde ich im zweiten Teil des Urteils genau wegen diesem Delikt, von dem ich im ersten Teil freigesprochen wurde, doch verurteilt. Wenn die «Nation» durch die von mir festgelegten Bedingungen geschädigt wurde, warum wurde ich dann von der Anschuldigung der ungetreuen Geschäftsführung freigesprochen?

«Sei froh, dass das Urteil in sich selbst widerspruchsvoll ist und sich teilweise selbst aufhebt!» sagte mein Anwalt. «Umso leichter wird es uns fallen, in der Appellation die Widersprüche aufzudecken. Ein solcher juristischer Unsinn ist mir noch nie unter die Augen gekommen.»
Auf meinen zweifelnden Blick sagte er: «Du musst auf die Untertöne in der Urteilsbegründung achten.» Tatsächlich hatte Dr. Schaad in seinem Schlusswort nach der Verkündigung des Urteils einige bemerkenswerte Dinge gesagt. Er erklärte, man habe nach Sachlage und Gewissen geurteilt. Jedes Gericht könne sich irren, und es sei wohl anzunehmen, dass appelliert werde. Zu Handen der anwesenden Presse mache er besonders darauf aufmerksam, dass für eine persönliche Bereicherung von Hirsch «nicht der Schatten eines Beweises» erbracht worden sei. Darf sich ein Gericht irren, dem die Widersprüche seines Urteils kaum verborgen bleiben konnten? Wenn der Präsident durch seine Bemerkung das Urteil selbst mit einem Fragezeichen versah, so gab er doch damit zu, dass ihm bei der Verurteilung nicht ganz geheuer war. Wäre er von meiner Schuld fest überzeugt gewesen, wäre ihm dieses psychologisch interessante Schuldgefühl nicht entschlüpft. Entweder war ich schuldig oder unschuldig. Blieb noch ein «Unschuldig mangels Beweisen». Warum beschritt er nicht diesen Ausweg: im Zweifel für den Angeklagten?
Es war mir auch aufgefallen, dass das Urteil keine Einstellung in den bürgerlichen Ehren und Rechten enthielt. Seltsam auch, dass die «Nation», die angeblich so sehr betrogen wurde, keinerlei Schadenersatz geltend machte.
Es war ein Urteil des schlechten Gewissens, doch welches Gericht hätte nach dem jahrelangen, unablässigen und lärmigen Kesseltreiben gegen meine Person noch anders urteilen können?
Ich hatte zuviel gewagt, zuviel ans Tageslicht gezerrt, was einigen mächtigen Leuten und Institutionen mehr als

lästig war. Man könnte leicht ein Szenario schreiben, wie in solchen Fällen vorgegangen wird. Fliegt ein Skandal auf, heisst die erste Reaktion immer «Masslos übertrieben», oder der Bericht wird als «Sensationsmache» hingestellt. Auf die Sache wird selten konkret eingegangen. Man befasst sich nicht mit den Tatsachen, sondern nimmt den Urheber aufs Korn. Seine Person wird diffamiert, und statt der wahrhaft Schuldigen wird er zum Sündenbock gemacht.

Wieder einmal häuften sich die anonymen Telefonanrufe tagsüber und mitten in der Nacht, Morddrohungen inbegriffen.

Ich kaufte mir einen schweren Spazierstock aus Eichenholz, was weiter nicht auffiel, da ich zweitweise wegen einer Verletzung vom Skispringen her etwas Gehschwierigkeiten hatte. Ausserdem besorgte ich mir mit Bewilligung der Polizei eine Schusswaffe.

CHOR DER AUGUREN

Davon wird er sich kaum erholen. Politisch ist er erledigt. Bis das Obergericht die Appellation ansetzt, können Jahre vergehen. Die sind sowieso mit Arbeit überlastet, und niemand ist an einer neuen Verhandlung interessiert. Verfahrensfehler der 1. Instanz könnten sich rächen, und da er die Strafe wegen der Unterstützungspflicht sicher nicht anfechten wird, könnte es bei der «Nation»-Klage doch noch zu einem Freispruch kommen. Doch bis es soweit ist, wird er austrocknen.

Zwischenruf

In jedem Leben gibt es hin und wieder einen Marschhalt, freiwillig oder unfreiwillig. Am Ende des Prozesses vor 1. Instanz hatte ich genügend Zeit, die Entwicklung der Affäre erneut zu überdenken. Schon während der drei Jahre Wartefrist von der Verhaftung bis zur Hauptverhandlung war mir vieles klar geworden, auch wenn mich sogar gute Freunde davor warnten, hinter der ganzen Geschichte ein wohlüberlegtes Komplott zu vermuten. Es ist ja bekannt, dass Menschen, die ins Schussfeld der Justiz gelangen, gerne bereit sind, sich als Opfer einer Verschwörung zu sehen. Das ist natürlich keineswegs immer der Fall, doch Leute, die Einblicke in die dunklen Ecken hinter den Kulissen des Polittheaters haben, sind da skeptischer. Da ich selber während vieler Jahre miterlebt hatte, wie bei gewissen Verfahren oder bei Pressefehden stille Drahtzieher am Werk waren, gehörte ich nicht mehr zu den Gutgläubigen, die noch an absolute Redlichkeit bei der Behandlung von Vorkommnissen glauben, die gewisse Interessensphären berühren. Man muss nur die Verfilzungen von Politik und Geschäft blosslegen, wie sie in den Verwaltungsratsmandaten zum Ausdruck kommen, um zu erkennen, wie leicht man sich in ihren Vernetzungen verstricken kann.
Es braucht dazu keine Geheimbünde, die Presse-Kampagnen oder «Todesschützen» finanzieren; sehr oft ist eine Strategie bei einem Vernichtungsfeldzug gar nicht nötig; sie ergibt sich von selbst, besonders dort, wo sich viele Einzelpersonen oder Institutionen ohne irgendwelche Zusammenhänge betroffen fühlen und eine persönliche Rechnung mit demjenigen, der sie in Schwierigkeiten brachte, zu begleichen haben. Und genau das war bei mir der Fall. Während meiner Redaktionstätigkeit hatte ich mir allzuviele Feinde gemacht, die sich – jeder für sich – liebend gerne an mir rächen wollten. Viele warteten nur

darauf, mir ein Bein stellen zu können. Sie alle fügten sich als winzige Mosaiksteinchen zu einer Phalanx zusammen, die stärker und stärker wurde. Besonders gefährlich war die Tatsache, dass ich Hiebe nach allen Seiten ausgeteilt hatte, ohne Ansehen der Person oder des Standes, nach «links», nach «rechts», so dass bald einmal in jedem Lager jemand zu finden war, dem ich zu nahe getreten war. Und da ich bei meinen Berichten in der Sache nicht ein einziges Mal daneben griff, erhöhte sich die Zahl der Betroffenen mehr und mehr.

Diese Situation gründete in meiner Berufsauffassung, die sich nicht mit der üblichen Zeilenschinderei begnügen wollte, sondern auf der Suche war nach Zusammenhängen und Hintergründen, die zu bestimmten Missständen geführt hatten. Im Vordergrund aber stand immer das menschliche Schicksal, das mich faszinierte. Wer nicht an der Oberfläche bleibt, muss auch Tiefen ausloten. Dabei gibt es dann natürlich verschiedene Möglichkeiten. Man kann auf eine Publikation verzichten, weil man Einzelpersonen oder Organisationen schonen will. Man kann ein oder beide Augen zudrücken, weil man irgendwo einem Menschen weh tun könnte, den man mag oder dem man nicht schaden möchte. Man kann die eigene Partei schonen oder eine Industrie, wo der Vater, ein Bruder oder ein Vereinskollege mitwirkt. Fängt man an, Rücksichten zu nehmen, ist man verloren. Man gerät in Gefahr, korrupt zu werden, schweigender Mitwisser, von denen es Legionen gibt. Wo man sich zugehörig fühlt, ist eine Frage der Wesensart. Ich konnte nicht anders. Das Risiko der «Sensationsmache» musste ich auf mich nehmen. Blickte ich zurück, so fand ich einige besonders markante Meilensteine, die mich in die Schusslinie brachten. Der Beifall der Vielen konnte mich nicht retten. Der Hass der Wenigen war stärker.

Die folgenden Kapitel sind besonders stark mit meinem Ruf verbunden, ohne Rücksicht auf Sonderinteressen das zu tun, was mir nötig erschien. Man müsste blind oder politisch total gutgläubig sein, wollte man diese Zusammenhänge bei der Unschädlichmachung meiner Person ignorieren.

KEIN LOHN – EIN HOHN

Das ist der Originaltitel, wie er in der Ausgabe der «Nation» vom 11. März 1943 – also im vierten Kriegswinter – erschienen ist. Die Reportage über einen denkwürdigen Tag im Emmentalischen Dorfe Eriswil mit den erschütternden Bildern von Paul Senn ist ein Zeitdokument aus den Kriegsjahren, das keines Kommentars bedarf, ein Blitzlicht auf die soziale Schweiz von damals aus einem Dorf, wo die Zeit um Jahrzehnte stillgestanden war.
Im folgenden Bericht der «Nation» ist nicht ein einziges Wort verändert.

Es ist ein köstlich Ding,
geduldig sein und auf
die Hilfe des Herrn hoffen.
Psalm

Dieser Psalm hängt, säuberlich gerahmt, in einem niederen, armseligen Stübchen des Dorfes Eriswil. Albert Anker könnte dieses Bild gemalt haben: Am Fenster der kleinen, bescheidenen Stube, die von einem uralten Steinofen erwärmt wird, sitzt, mit Brille und Kopftuch angetan, eine achtzigjährige Frau. Über die Schürze hat sie ein sauberes Tuch gebreitet, und die verwerchten, zittrigen Hände arbeiten an einer Lismete: Kinderhandschuhe. Ihr Gesicht trägt die Würde des Alters. Alle Sorgen und Mühen eines achtzigjährigen Daseins sind hier tief und unvergesslich eingegraben. Hinter der Frau an der Wand hängt der Psalm vom «köstlichen Ding, geduldig zu sein und auf die Hilfe des Herrn zu hoffen». – Während die Frau unermüdlich ihre Stricknadeln arbeiten lässt, erzählt sie uns von ihrem mühsamen Leben.
Nein, sie getraut sich nicht, an die Frühlingssonne vors Haus zu sitzen. Die Nerven, das Herz und die Augen ertragen das freundliche Licht des Himmels nicht mehr.

«Mir ist am wohlsten in der Stube, aber ich mag nicht mehr recht. Mit acht Jahren erhielt ich die erste Lismete, und es verging kaum ein Tag, an dem ich sie nicht zur Hand nahm.
Siebzig Jahre ist die Wolle durch meine Hände geglitten. Nein, ich habe nichts Schönes gehabt auf dieser Welt, und ich möchte nicht mehr von vorn beginnen.»
«Was ich von dieser Arbeit habe? Von diesen Handschuhen kann ich, wenn es gut geht, im Tag anderthalb Paar fertig machen. Das geht aber nur, wenn ich ‹chilte› bis 10 oder 11 Uhr. Was ich bekomme von dieser Arbeit? Fünfundsiebzig Rappen für ein Paar. Wenn nicht die Müdigkeit mich überwältigt, macht es auf den Tag einen Franken.»
Über die Ränder ihrer Brille schaut uns die Frau mit müden, entzündeten Augen ins Gesicht und sagt uns Worte, die mit der Klarheit und Kraft der Sprache eines Jeremias Gotthelf durch die Stube klingen: «Du wirst dich nähren von deiner Hände Arbeit, wohl dir, du hast es gut.»
Diesen Satz hat die Frau vor einigen Tagen in der Bibel gelesen und darüber nachgedacht.
«Wenigstens ein gutes Gewissen habe ich – das ist aber auch alles.»
Durch die Demut und Gottergebenheit dieser Worte aber klingt die tiefe Verbitterung eines langen schweren und freudlosen Daseins. Und wie wir dann nicht mehr an uns halten können und der Wut und Empörung, die sich in uns angesammelt hat, freien Ausdruck geben, löst sich auch die Zunge der alten Frau, und es sind bittere Worte, die wir zu hören bekommen. Dinge, die sich in Jahrzehnten angehäuft haben, die wohl hin und wieder im kleinen Kreis der eigenen Familie zur Sprache kamen, aber nie einem fremden Menschen anvertraut wurden.
Ist es wirklich wahr, was wir hier sehen? Gibt es so etwas tatsächlich noch in unserem Lande, oder träumen wir? Hat uns ein böser Geist um hundert Jahre zurückversetzt?

Mitnichten! Wir gehen weiter von Haus zu Haus, von Stube zu Stube: Überall herzensgute, bescheidene, freundliche Leute, die kein Falsch und keine Bosheit kennen. Die Besten und Brävsten unseres Volkes. Da sitzt eine 79jährige andere Frau. Wundersam weiche und zarte Bettsokken entstehen unter ihren Händen. Sieben oder acht Franken zahlt man dafür in der Stadt. Wenn es gut geht und wenn die Frau vom Morgen bis in die Nacht hinein unaufhörlich strickt, wird so ein Paar fertig. Was ist der Lohn? Es ist nicht zu glauben: 80 Rappen pro Paar. Auch sie arbeitet seit 70 Jahren für den gleichen Fabrikanten.
«Was aber hat der Fabrikant für Sie getan in diesen 70 Jahren?» fragen wir. «Hat er Sie auch einmal in die Ferien geschickt? Hat er Ihnen auch einmal ein Weihnachtsgeschenk gegeben?»
Verwundert und erstaunt ob dieser Frage schüttelt die Frau ihr weisses Haupt. Einmal, ja, in diesen 70 Jahren, hat sie zu Weihnachten fünf Franken bekommen. Sie versteht unser Hohngelächter nicht. Aber eine andere, junge Frau mit zwei Kindern am Rockzipfel, sie versteht es: «Ja, so ist es», sagt sie mit verhaltenem Grimm, «ausgelacht werden wir, und mit Recht; das ist kein Lohn, das ist ein Hohn!»
Noch mit vielen Frauen reden wir an diesem Tag. Strümpfli, Tschöpli und Käppeli für die Kleinsten hielten wir in den Händen. Und immer wieder rechnen wir mit Bleistift und Papier am Lohn für diese Arbeit. Und immer wieder das gleiche: Wenn es gut geht, einen Franken, vielleicht ausnahmsweise anderhalb Franken im Tag. Da gibt es Familien, wo drei Generationen mit Stricknadeln in den Händen arbeiten. Auch die Männer arbeiten – irgendwo in einem Betrieb in der Umgebung. Aber der Lohn ist klein. So klein, dass die Frauen mithelfen müssen. Und was dann zusammenkommt, das reicht mit dem Burgerland und dem Burgerholz für ein kümmerliches Dasein.

«*Verhungern müssten wir,* wenn wir nicht stricken könnten!» In vielen Häusern hörten wir diese Worte: «Im Alter haben wir nichts, wir stricken weiter bis aufs Totenbett. Wohl geht es nicht mehr so gut mit müden Augen und gichtigen Fingern. Doch da gibt es dann noch die Altersrente: 60 Franken im Vierteljahr. So reicht es für die paar Kartoffeln und das Gemüse und vielleicht am Sonntag für ein kleines Stücklein Fleisch. Wenn wir nicht noch etwas pflanzen könnten, wir wüssten nicht, was wir essen sollten.»

Und diese bittere Notlage wird nun von einem Fabrikanten, der mitten im Dorf ein behagliches grosses Haus sein eigen nennt, das nur allzu deutlich von den übrigen Häusern des Dorfes absticht, in schamloser Weise ausgenützt. Der Leser möge uns die harten Worte verzeihen. Die Worte, die hier gesagt werden müssten, können gar nicht hart genug sein. Wir haben schon viele soziale Missstände gesehen, aber ein Beispiel solcher Rückständigkeit, solch schlimmster Ausbeutung einer armen Bevölkerung ist uns nirgends, auch nicht in den ärmsten Tälern des Tessins, unter die Augen gekommen.

Aber sie haben Angst, diese Frauen. «Schreiben Sie um Himmels willen nichts in die Zeitung. Was sollen wir machen, wenn der Fabrikant uns keine Arbeit mehr gibt?» Wir beruhigen sie und geloben uns: Wir werden nicht nachgeben. Wir werden Mittel und Wege finden, diesen Arbeitgeber zur Vernunft zu bringen und die Fahne, die wir aufgenommen haben, nicht aus den Händen geben, bevor diese Frauen für ihre Arbeit einen menschenwürdigen Lohn erhalten. Und wenn der reiche Fabrikant seine Drohung, den Betrieb zu schliessen oder Maschinen anzuschaffen, wahrmachen sollte, dann werden die Leser der «Nation» dafür sorgen, dass diesen Frauen geholfen wird. Dafür verbürgen wir uns, und wir wissen: die Freunde der «Nation» werden uns nicht im Stiche lassen.

Gibt es denn in diesem Dorf keinen Menschen, der das Herz hat, für diese armen Frauen kraftvoll einzustehen? Mit diesem Gedanken betreten wir das Pfarrhaus. Vielleicht lebt hier ein geistiger Nachfahre eines Jeremias Gotthelf, der mit der Kraft seines Geistes und der Gewalt seiner Worte ohne Zweifel für diese armen Heimarbeiterinnen eingestanden wäre. Doch wir täuschen uns. So gilt das Wort: «Hilf dir selbst, so hilft dir Gott!» Das haben auch die Strickerinnen von Eriswil begriffen. Zahlreich sind sie schon vor Wochen dem Ruf des Heimarbeiterverbandes gefolgt, um sich über das neue Heimarbeitergesetz aufklären zu lassen. Auf den heutigen Abend sei eine neue Versammlung angesagt, erzählen uns die Frauen. Nun gelte es zusammenzuhalten. Es sei nun genug «Heu dunne».

Es ist Abend. Auf langen Bänken an rohen Tischen sitzen 200 Heimarbeiterinnen im Tanzsaal des behaglichen «Bären». Was wir nicht zu hoffen wagten, ist Wirklichkeit geworden. Zum erstenmal in der Geschichte des Dorfes eine Arbeiterversammlung. Aus den entlegensten Häusern sind sie gekommen. Darunter 80jährige Frauen und Männer. Kann man ermessen, was das in diesem Dorf bedeutet? Welche Hemmungen, welche Überwindungen es brauchte, bis diese ausgebeuteten Heimarbeiterinnen dem Ruf nach Zusammenschluss Folge geleistet haben. Wie viel Erbitterung sich hier angehäuft haben muss, bis diese Frauen, die während Jahrzehnten, ohne zu murren, zu einem Hundelohn Tag für Tag gearbeitet haben, sich zusammentaten, sich die Hand reichten, um für ihr Recht einzustehen.

Still und würdig sitzen sie an den Tischen. Es ist kalt im Saal, und niemand hielt es für nötig, einen Ofen anzufeuern.

«Niemand muss etwas konsumieren, doch wer will, kann sich etwas bestellen.» Mit diesen Worten eröffnet der Referent die Versammlung. Und niemand bestellt etwas.

Die Tische bleiben leer. Wie sollten sie auch, wo doch für einen Kaffee oder für ein Glas Wein der Lohn von einem ganzen Tag Arbeit auf den Tisch gelegt werden müsste! Da aber geht ein Raunen und Flüstern durch den Saal: Die Arbeitgeber erscheinen auch. Kein Gruss, keine Bewegung in den Gesichtern. Ihrer Sache sicher, ihrer Macht bewusst, sitzen sie auf ihren Bänken. Der einzige Tisch, auf dem eine Flasche Wein steht.
Und nun werden wir Zeugen eines historischen Augenblicks. Wir fühlen uns zurückversetzt in die tiefsten Anfänge der Arbeiterbewegung, ja in die tiefsten Anfänge der Demokratie. Langsam begreifen diese armen Heimarbeiterinnen, dass sie nun, da sie sich zusammengeschlossen haben, als gleichberechtigte Partner am Verhandlungstisch sitzen. Man muss ihnen begreiflich machen, dass nicht nur sie den Fabrikanten brauchen, dass auch der Fabrikant sie braucht. Mehrmals müssen die Arbeitgeber aufgefordert werden, nunmehr den Saal zu verlassen, damit die Arbeiterinnen frei und offen das sagen können, was sie auf dem Herzen haben, und dass kein unberufener Spion schwarze Listen aufstellt. Ein massloses Erstaunen und eine ergreifende Erkenntnis geht über die Gesichter der abgearbeiteten Frauen. Widerwillig erheben sich die Arbeitgeber von ihren Sitzen und verlassen notgedrungen die Versammlung...
Zu mitternächtlicher Stunde verlassen wir das Dorf. Ein sozialer Kampf hat begonnen. Ein Kampf um die primitivsten Errungenschaften des Fortschrittes und der Zivilisation. Hier muss der Schritt eines Jahrhunderts gemacht werden. Können wir noch hoffen, dass der Arbeitgeber, der hier über das Wohl und Wehe eines ganzen Dorfes bestimmt, zur Vernunft gebracht werden kann? Werden unsere Behörden hier augenblicklich zum Rechten sehen? Hier ist es nicht getan mit der Ernennung einer Kommission, hier müssen Leute mit Herz und Mut die Dinge anpacken, und zwar nicht mit Handschuhen.

Kennen unsere Bundesräte eigentlich unser Volk? Werden sie erstaunt sein, wenn sie diese Zeilen lesen? Werden sie vielleicht einmal in einfachen Kleidern, inkognito, wie es weise Staatsmänner in der Geschichte hin und wieder taten, hinuntersteigen von den weichen Teppichen des Bundeshauses und der Stimme des Volkes lauschen?
Wo ist das Auge der Schweizerischen Filmwochenschau, die über jedes unserer vielen Feste so ausgiebig berichtet, die jede Prozession, jede Kegelklubversammlung und weiss der Teufel was verfilmt, nur nicht das, was wirklich nötig wäre? Wo bleiben die Leute, die ständig vom Schutz der Familie, von der Würde und vom Adel der Arbeit schwafeln? Wir möchten sie sehen in diesen Stuben, bei diesen abgehärmten und abgearbeiteten Frauen, und dann möchten wir wissen, ob sie noch ruhig schlafen können.

So erstaunlich auch die Zustände in Eriswil waren, die Reaktion drauf war noch erstaunlicher. Einen Tag nach dem Erscheinen der Zeitung, am 12. März 1943, erhielt die Redaktion der «Nation» ein unwahrscheinliches Briefdokument, das nicht nur den Zeitgeist, sondern auch die menschliche und politische Haltung gewisser Amtsstellen in geradezu erschreckender Weise blosslegte. Darin verbot die Generaldirektion der PTT die Verteilung der «Nation» mit dem Bericht über die schamlose Ausbeutung der Heimarbeiterinnen von Eriswil.
Die Redaktoren, die Sekretärinnen, das ganze Personal der «Nation» standen fassungslos dem auf Seite 119 des Bildteils in Faksimile wiedergegebenen Brief der PTT-

Generaldirektion gegenüber. Einstimmig sagten wir: «Das hat uns gerade noch gefehlt!» Und das wurde dann auch als Schlagzeile auf das Plakat der nächsten Ausgabe (No. 11/1943) vom 18. März 1943 gesetzt.
Wir waren in unserem Kommentar nicht zimperlich und handelten wieder einmal nach dem Wahrspruch J.W. Goethes: «Wer im Recht ist, muss derb auftreten. Ein höfliches Recht will gar nichts heissen.»

Das hat gerade noch gefehlt! Steht die Generaldirektion auf Seiten unsozialer Arbeitgeber? Eine Spezialzensur der PTT?
Wir sind gezwungen, die schweizerische Öffentlichkeit über einen ganz unerhörten Übergriff der Generaldirektion der PTT zu orientieren. Es ist seit langer Zeit bekannt, dass die Generaldirektion der PTT zur demokratisch gesinnten Presse unseres Landes ein gespanntes Verhältnis hat. So mussten die Bundeshausjournalisten vor ganz kurzer Zeit einen ganz energischen Protest an die Generaldirektion der PTT wegen presseunfreundlicher Stellungnahme und einseitiger Bevorzugung rechtsstehender Presseorgane und Agenturen richten.
Der neueste Ukas der PTT besteht in der Beschlagnahmung resp. der Weigerung, die letzte Ausgabe der «Nation» im Heimarbeiterdorf Eriswil zu verteilen. Unsere Leser werden sich an unseren Bericht über die skandalösen Arbeitsbedingungen der Firma Wirz & Co. in Eriswil in Nr. 10 der «Nation» erinnern. Die dort ausbezahlten Heimarbeiterinnenlöhne (ca. 10 Rappen Stundenlohn) haben im ganzen Lande berechtigtes Aufsehen und grosse Entrüstung hervorgerufen. Um den Heimarbeiterinnen von Eriswil zu zeigen, dass weite Kreise des Schweizervolkes an ihrem Kampf um menschenwürdige Entlöhnung ihrer Arbeit teilnehmen, sollte die betr. Ausgabe der «Nation» durch die Post an alle Haushaltungen des Dorfes Eriswil verteilt werden.

Damit stellt sich die PTT eindeutig auf die Seite eines – höflich gesagt – unsozialen Arbeitgebers, indem sie sich in eine wirtschaftspolitische Auseinandersetzung einmischt und die Information durch die Presse der um ihre Existenz kämpfenden Heimarbeiterinnen verunmöglicht. Der Vorwand, unser Artikel über die schandbaren Arbeitsbedingungen der Firma Wirz & Co enthalte «gewisse Stellen beschimpfender Natur» ist eine faule Ausrede, ein an den Haaren herbeigezogener Paragraph des Postgesetzes, der mit den Tatsachen u.E. nichts zu tun hat. Wir fragen:
1. Warum hat die PTT die «Nation» nur im Dorfe Eriswil nicht verteilen lassen und nicht für die gesamte Auflage der «Nation» die Spedition verweigert?
2. Hat die Firma Wirz & Co. in Eriswil einen Druck auf den dortigen Posthalter ausgeübt, dessen Frau unseres Wissens ebenfalls für diese Firma Heimarbeit leistet?
3. Hätte die PTT die «Nation» auch beschlagnahmt, weil im fraglichen Artikel die Äusserung eines Angestellten der Firma Wirz & Co. wiedergegeben wird, worin dieser die Heimarbeiterinnen als «schlechte und faule Arbeiterinnen» hinstellt? Hätten sich diese Arbeiterinnen nicht auch «beleidigt» fühlen können?
4. Hat die PTT z.B. auch schon die «Neue Zürcher Zeitung» oder andere Zeitungen beschlagnahmt, die lange Zeit nachweisbar verleumderische und beschimpfende Angriffe auf führende schweizerische Politiker durch die Inserate des Elefantenklubs verbreiteten?

Die Unlogik, Einseitigkeit und Unhaltbarkeit eines solchen Vorgehens liegt auf der Hand. Mit der Ausrede einer «postalischen Massnahme» wird hier ein Arbeitgeber, der an den Pranger gehört, geschützt. Die schweizerische Öffentlichkeit wird sich für solche seltsamen Machenschaften interessieren, und es wird auch im Eidg. Parlament die Frage aufgeworfen werden müssen, ob die PTT das Recht hat, eine politisch einseitige Spezialzensur auszuüben.

Der Geist der Willkür und der geistigen Bevormundung, der andernorts so üppig gedeiht, scheint auch in gewissen eidgenössischen Schädeln seine Wurzeln zu schlagen. Doch das Schweizervolk ist wachsam, auch in dieser Beziehung, und die Besen, mit denen nach dem Kriege, wenn wieder eine freiere Luft in unserem Land weht, die Schlacken und Wurzeln diktatorischen Ungeistes weggefegt werden müssen, stehen längst bereit.

Der damalige Chef des Rechtsdienstes der PTT, Tuason, der diesen Ukas unterzeichnete, erhielt nicht etwa einen Verweis. Obschon er sogar vom Bundesrat desavouiert wurde, flog er, wie man hierzulande sagt, die Karriereleiter hinauf; er wurde Generaldirektor.
Hier drängt sich ein Vergleich zum Jahre 1990 auf, nachdem feststeht, dass Mitarbeiter der PTT, mit und ohne Wissen der Direktion, Spitzeldienste für die Fichen der Bundesanwaltschaft leisteten, heimlich Briefe öffneten, photokopierten und beschämende Schnüffeldienste gegen unbescholtene Bürger ausführten. Nichts gelernt und alles vergessen.
Wie bei Amtsstellen üblich, sind sie meistens Richter in eigener Sache. Der Rekurs musste innert 30 Tagen bei der Generaldirektion der PTT eingereicht werden. Der Rechtsuchende war also gezwungen, den Bock zum Gärtner zu machen. Wie zu erwarten war, wies die Generaldirektion unseren Rekurs prompt am 22. Mai 1943 ab.
Es blieb nichts anderes übrig, als gegen diesen unerhörten Eingriff in die Pressefreiheit beim Bundesrat, d.h. beim Eidg. Post- und Eisenbahndepartement, Beschwerde einzureichen. Schon am 7. September 1943 traf die Antwort des Departementes, von Bundesrat Celio unterzeichnet, bei der Redaktion ein. Der Bundesrat hiess die

Beschwerde der «Nation» im vollen Umfange gut und hob die Verfügung der PTT auf.
In einem juristisch und politisch hochinteressanten Dokument von sieben eng beschriebenen Schreibmaschinenseiten wurde die Gutheissung unserer Beschwerde begründet.
In der «Nation» vom 16. September 1943 setzten wir über unseren Kommentar den stolzen Titel:
Bundesrat Celio: Das Recht der Kritik gehört zu den Grundlagen unserer Staatsauffassung. Der Rekurs der «Nation» gegen die PTT wird vom Bundesrat gutgeheissen.
Damit war ein krasser Übergriff einer Verwaltungsstelle gegen die verfassungsmässigen Freiheiten in erfreulicher Art und Weise durch die Landesregierung verurteilt und richtiggestellt worden.
Der Bundesrat schrieb in seiner Begründung u.a.:
«Nach Art. 173 Ziff. 2 StrGB. ist der einer Ehrverletzung Beschuldigte tatsächlich nicht strafbar, wenn er beweist, dass seine Äusserungen der Wahrheit entsprechen. Es ist deshalb denkbar, dass die Post eine Sendung wegen beschimpfenden Inhalts von der Beförderung ausschliesst, der Richter aber nachträglich feststellt, dass die Sendung eine strafbare Ehrverletzung nicht enthält. Die Post würde in diesem Falle also einen strengeren Massstab anwenden als der Strafrichter. Das ist zweifellos ein unerträglicher Gedanke...
Das Recht der Kritik gehört zu den Grundlagen unserer Staatsauffassung. Der Kritisierte wird sich aber in den meisten Fällen in seiner Ehre getroffen fühlen. Die Post darf hier mit der Rücksichtnahme auf persönliche Empfindsamkeiten nicht zu weit gehen.»
Zu unserem Beitrag in der «Nation» bemerkt der Entscheid des Bundesrates folgendes:
«Auch materiell sind die inkriminierten Äusserungen nicht derart, dass sie unbedingt als schwere Ehrverletzungen,

die ja einzig zum Beförderungsausschluss führen können, zu qualifizieren sind. Die PTT greift in ihrer Vernehmlassung die folgenden Stellen heraus, die sie für beschimpfend hält:
Diese bittere Notlage wird nun von einem Fabrikanten... in schamloser Weise ausgenützt... Wir haben schon viele soziale Missstände gesehen, aber ein Beispiel solcher Rückständigkeit, solch schlimmster Ausbeutung einer armen Bevölkerung ist uns nirgends unter die Augen gekommen...
Gewiss handelt es sich hier um schwerwiegende Vorwürfe. Sie werden aber nicht einfach leichtfertig oder gar vornehmlich in der Absicht, die betreffenden Unternehmer zu beleidigen, erhoben, sondern sie stellen eine – natürlich der Absicht des Blattes und des Artikels entsprechende – logische Schlussfolgerung, eine Art sittliche Würdigung des im Artikel geschilderten Sachverhaltes dar. Unter der Voraussetzung, dass die Schilderung des Sachverhaltes der Wirklichkeit entspricht, was zu prüfen nicht unsere Aufgabe ist, erscheint es nicht für ausgeschlossen, dass der Richter das Vorliegen einer strafbaren Ehrverletzung verneinen und den Verfasser des Artikels freisprechen würde.»
Wir schrieben dazu:
Damit hatte der Bundesrat ein krasses Unrecht, das sich notgedrungen zum Schutze eines unsozialen Arbeitgebers ausgewirkt hätte, wieder gutgemacht. Solche Entscheide sind geeignet, das Vertrauen in unsere oberste Landesbehörde im Volke zu heben und zu stärken. Der kommende Prozess, den die Firma Wirz & Co. in Eriswil gegen die «Nation» angestrengt hat und der voraussichtlich in der nächsten Zeit vor die Geschworenen kommt, wird zeigen, wo Recht und wo Unrecht liegt. (Der Prozess fand nie statt. d.V.)

Wieder einmal hatte der «Sensationsjournalismus» einen Stein ins Rollen gebracht und Zustände beseitigt, die unerträglich waren.

«Es het öppis abtreit», sagten die Heimarbeiterinnen von Eriswil, die nun für einen Handschuh zwei Franken statt wie früher 85 Rappen erhielten. Der Lohn für einen Kinderhandschuh stieg von 25 auf 45 Rappen. Der Bundesrat hatte den von den Arbeitervertretern beantragten Mindestlohn auf 40 Rappen pro Stunde festgesetzt, später sogar auf Fr. 1.– pro Stunde. Bescheiden genug, doch die Frauen waren glücklich darüber.

Im Rückblick wurde immer deutlicher, dass hier Abgründe der sozialen Struktur der Schweiz offenbar wurden, die politische Folgen zeitigen mussten. Widerstände waren vorauszusehen. Die Polemik musste eines Tages fast zwangsläufig in sachliche Auseinandersetzungen und greifbare Fortschritte ausmünden. Einstweilen wurden die rostigen, aber bewährten Geschütze der persönlichen Verunglimpfung aufgefahren.

Die «Nation» hatte Zustände aufgedeckt, die tief in überholte Machtpositionen eingriffen und sie zumindest erschütterten. Dass versucht wurde, die Quelle dieser unliebsamen Einmischungen mundtot zu machen, ist nicht verwunderlich. Neben dem Verdingkinder- und Anstalts(un)wesen, neben dem Elend bei den Heimarbeitern schwelte schon längst vor dem 2. Weltkrieg eine latente Anstaltskrise, eine Eiterbeule im sozialen Gefüge unseres Landes. Nun war die Zeit reif, sie aufzustechen.

EIN GEWISSER JOSEF BRUNNER

An einem schwülen Julitag des Jahres 1944 fuhr ich mit dem Photographen Paul Senn von Luzern nach Kriens. Unser Ziel galt dem «Sonnenberg» der Schweizerischen Erziehungsanstalt für katholische Knaben. Wir wussten, dass uns journalistische Schwerarbeit bevorstand. Der Verwalter, Josef Brunner, war weitherum als gewalttätiger Mann bekannt, und es war uns noch rätselhaft, wie wir in diese wohlabgeschirmte Zwingburg eindringen und die nötigen Recherchen durchführen sollten. Vorsorglicherweise hatten wir uns nicht angemeldet.
Es war ein heisser Tag in jeder Beziehung, und als wir am Abend nach Bern zurückfuhren, sprachen wir kaum ein Wort. Alles, was wir vorher über den «Sonnenberg» gehört hatten, die Akten, die wir beim Berner Dichter, Schriftsteller und Freund der Anstaltskinder, C.A. Loosli, studiert hatten, war nur ein harmloses Vorspiel zu den Tatsachen, mit denen wir hier konfrontiert wurden.
Noch in der gleichen Nacht wurden in der Dunkelkammer bei Paul Senn an der Junkerngasse die Filme entwickelt. Was sich dann jeweils vor unseren Augen zu Bildern formte, war ebenso herzergreifend wie die Wirklichkeit in Kriens. Wenige Tage später erschien in der «Nation» vom 30. August 1944 der hier folgende Bericht:

Die Überschrift «Ein gewisser Josef Brunner» tönt sehr persönlich, und man soll, wenn immer möglich, nicht persönlich werden, was sich manchmal jedoch nicht umgehen lässt. Die Person des Herrn Brunner interessiert uns aber nur soweit, als er Verwalter der Schweizerischen Erziehungsanstalt für katholische Knaben auf Sonnenberg in Kriens ist. Unser Bericht ist lediglich ein kleiner Ausschnitt aus einem Kampf, der nicht neu ist: Der Kampf um

saubere Anstaltsführung, sei es in Heil-, Pflege- oder Erziehungsanstalten.
Es gibt wohl niemand, der in dieser Frage besser dokumentiert ist, als C.A. Loosli, der ein Beweis- und Aktenmaterial sein eigen nennt, das ausreichen sollte für ein neues eidgenössisches Gesetz über die Anstaltsführung. In der «Nation» schrieb C.A. Loosli:
«Im Jahre 1888 erfuhr Dr. J.V. Widmann, weiland literarischer Redaktor am ‹Bund›, es würden die Insassen der Armenanstalt Utzigen mit Prügel- und Kettenstrafen belegt, worauf er öffentlich dagegen protestierte. Es entspann sich eine heftige Polemik, begleitet von einer Prozessandrohung des Anstaltsverwalters gegen seinen journalistischen Ankläger. Da dieser wohldokumentiert war, unterblieb der Prozess; der Verwalter demissionierte, ohne im übrigen etwa amtlich behelligt zu werden.»
Das ist nur ein Fall. Es gibt aus unseren Tagen deren Hunderte. Loosli fügte dann bei: «In keinem, aber auch in wirklich keinem dieser und fast nach Belieben noch anzuführender Fälle wurde je die Initiative zur Behebung der Übelstände von den bestellten Aufsichtsbehörden in die Wege geleitet, sondern dazu bedurfte es in jedem Falle entweder der Beschwerde der Opfer oder des Eingriffes aussenstehender Drittpersonen. Es ist mir seit nun annähernd einem halben Jahrhundert in der Schweiz kein einziger Fall bekannt geworden, wo die dazu bestellten amtlichen Organe aus eigenem Antrieb auch den himmelschreiendsten Übelständen im Anstalts-, im Verding- oder Armenversorgungsbetrieb irgendwie entgegengesteuert oder auch nur den Versuch dazu unternommen hätten. Wohl aber logen sie sich auf die unglaubwürdigste, feigste Weise heraus.»
So sei denn hier der Öffentlichkeit ein weiteres Bild zum düsteren Mosaik des Anstaltswesens vermittelt, ein Bild, das die Aufmerksamkeit des Volkes aufrütteln sollte, ein Bild, das auch eine Antwort an jene ist, die sich in

dummdreistem Grössenwahn unaufhörlich brüsten und hinter dem Biertisch hervorposaunen, bei uns sei alles in bester Ordnung und jede Kritik sei nur Sensationsmacherei. Jawohl, meine Herren, Zustände, wie wir sie in Kriens sahen, sind eine Sensation! Es ist eine Sensation ohnegleichen, dass in einem Rechtsstaat und in einer Demokratie Verhältnisse möglich sind, die jeder Menschenpflicht und jedem Menschenrecht Hohn sprechen. Und man sage uns, was man wolle: Wo solche Zustände seit vielen Jahren geduldet, gedeckt und vertuscht werden, da ist etwas faul im Staate Dänemark! Und da ist eine gründliche Useputzete notwendig geworden, und man sollte damit nicht einmal warten bis im Frühjahr. Denn: Es wird sowieso Herbst! Herbst einer Zeit, die zur Neige geht.
Vor uns liegt ein Prospekt der Schweizerischen Erziehungsanstalt für katholische Knaben auf Sonnenberg in Kriens bei Luzern. Da heisst es:
«Die Schweizerische Erziehungsanstalt Sonnenberg steht seit 1859 unter dem Protektorate ihrer Gründerin: Der Schweizerischen Gemeinnützigen Gesellschaft. Ihr Zweck ist die Erziehung und Besserung verwahrloster oder gefährdeter Knaben katholischer Konfession. Sie sucht diesen Zweck zu erreichen durch Weckung und Belebung echter Religiosität, durch guten Schulunterricht, durch erzieherische Arbeit im Hause, Garten, Feld und Wald, durch gute Körperpflege, Einfachheit in Kleidung, Nahrung und Lebensweise, strenge Ordnung, individuelle Behandlung, Familiensystem usw.»
Scheinbar ein Musterbetrieb! Wir fragen aber:
Wird die «Weckung und Belebung echter Religiosität» dadurch gefördert, dass in der Anstalt seit einem Vierteljahr kein Religionsunterricht erteilt wird, weil der Verwalter die Pfarrherren nicht mehr in die Anstalt lässt und sogar einem Vikar mit der Heugabel gedroht haben soll?

Wird echte Religiosität dadurch belebt, dass die Knaben wie Zuchthäusler behandelt werden, schwerste körperliche Arbeit leisten müssen und dazu noch brutalen körperlichen Misshandlungen ausgesetzt sind?
Ist ein Anstaltsleiter, dem die hohe Aufgabe zufällt, sogenannte «gefährdete» Knaben zu rechten Menschen zu erziehen, nicht selber viel eher «sittlicher Besserung bedürftig», wenn er nichts Besseres weiss, als die Knaben beim kleinsten Vergehen körperlich zu misshandeln?
Die moderne Tierdressur verzichtet schon längst auf Schläge. Die Erziehung von Menschen aber scheint noch nicht davon abgekommen zu sein. Man muss sich das Bild vorstellen: Ein grosser starker Mann, der kleine, verschüchterte und körperlich schwache Knaben mit einem Stock, den Fäusten oder mit einem beliebigen Gegenstand, der ihm gerade in die Hände kommt, schlägt, bis sie Striemen und Flecken haben.
Man darf nicht vergessen: Was hier unter der Flagge «schwererziehbar und gefährdet» segelt, das sind Kinder, die zum allergrössten Teil weder besser noch schlechter sind als andere Kinder. Nicht besser und schlechter als manches Herrensöhnchen! Es sind nur meistens arme Kinder! Solche, die aus unglücklichen Verhältnissen kommen, die verschupft und überflüssig sind: kurzum, Opfer ihrer sozialen Umgebung. Die meisten wissen gar nicht, warum sie in die Erziehungsanstalt verbracht wurden. Wenn man sie frägt, dann heisst es: «Weil ich nicht gefolgt habe – weil ich etwas gestohlen habe – oder, ich weiss es nicht.» Wer von uns hat in seiner Jugend immer gefolgt? Wer von uns hat nie etwas gestohlen? Wer von uns hat der Mutter nie aus dem Küchenschrank genascht? Wer von uns machte nie in der Jugend dumme Streiche?
Ein einigermassen psychologisch gebildeter und gütiger Erzieher kann aus diesen Buben genau so normale Kinder machen wie andere Kinder auch. Jetzt aber sind diese

Knaben verschüchtert, sie werden zur Lüge und Verschlagenheit erzogen, man sät mit Gewalt in ihre Herzen den Hass gegen unsere Gesellschaftsordnung, statt zu rechten Menschen macht man sie zu Zuchthäuslern.
Ist es verwunderlich, wenn diese Buben versuchen durchzubrennen, aus Hunger zu betteln? Verwalter Brunner aber hat in solchen Fällen kein anderes Mittel, als den geflohenen Knaben schwer zu schlagen und ihm dann an seine Hosen weisse Streifen zu nähen, um ihn so zu zeichnen und der Verachtung preiszugeben.
Wir fordern:
1. Sofortige provisorische Enthebung des Verwalters Brunner in seiner Eigenschaft als Direktor.
2. Sofortige Einsetzung einer neutralen Aufsichtsperson in der Anstalt Sonnenberg, um Racheakte des Verwalters an den Buben zu verhindern.
3. Eine sofortige Untersuchung des ganzen Tatbestandes durch eine neutrale, in jeder Hinsicht unabhängige Kommission.

Wenige Tage später publizierte das Statthalteramt Luzern-Land in den Luzerner Zeitungen eine Erklärung, worin mitgeteilt wurde, es sei zur Abklärung des strafrechtlichen Tatbestandes eine Untersuchung eingeleitet worden.
Diesmal verlegten sich die zuständigen Stellen nicht aufs Schweigen. Die Reaktionen folgten Schlag auf Schlag. Hier half nur noch die Flucht nach vorn.
Das Statthalteramt gab die Einleitung einer Untersuchung bekannt. Das Erziehungsdepartement des Kantons Luzern schob in einer Presseerklärung die Schuld auf die Schweiz. Gemeinnützige Gesellschaft. Die Anstalt sei kein luzernisches, sondern ein schweizerisches Privatunternehmen. Die SGG ihrerseits erklärte, sie hätte zwar 1855 die Anstalt gegründet, sie sei aber seit langem in eine rechtlich selbständige Stiftung umgewandelt worden. Massnahmen gegen Missstände seien schon vor der Publikation der «Nation» eingeleitet worden.

Diesem peinlichen Eiertanz um die harte Frage «Wer ist verantwortlich?» stellten wir den folgenden Kommentar entgegen:
Wenn es nicht so traurig wäre, wäre es zum Lachen! Drei Erklärungen liegen vor – aber wer nun eigentlich für die schändlichen Zustände letzten Endes verantwortlich ist, weiss kein Mensch. Die Schweizerische Gemeinnützige Gesellschaft spricht in ihrem Brief von einer in Anführungszeichen gesetzten «Weiteren Kommission».
Wer sitzt in dieser «Weiteren Kommission»?
Wieso hat diese «Weitere Kommission» die ihr angeblich am 30. Juni 1944 überwiesenen Beschwerden nicht sofort geprüft?
Wer sitzt in der von der «Weiteren Kommission» bestimmten «Spezialkommission zum Studium der Verhältnisse»?
Jedenfalls haben alle diese Kommissionen nichts Positives herausgebracht, und jedenfalls hat man weiter zugesehen, wie die Zöglinge auf Sonnenberg menschenunwürdig behandelt wurden, obschon offenbar ganz konkrete Klagen vorlagen.
Der Stein, einmal ins Rollen gebracht, kam nicht mehr zum Stillstand. Immer neues Material traf auf der Redaktion der «Nation» ein. Gewitzigt durch frühere Erfahrungen, mussten wir am Ball bleiben.
Nun war es soweit. Die Frage nach einer schweizerischen Anstaltskrise konnte offen gestellt werden. Der «Sonnenberg» war nur ein Anfang. In kurzer Zeit mussten drei Verwalter von Erziehungsanstalten entlassen werden.
Auch im Fall «Sonnenberg» und anderer schlecht geführter Anstalten erfolgte die Preisgabe der Wahrheit stets nur in Teilgeständnissen und nur unter dem Druck unermüdlicher, fortgesetzter weiterer Hinterfragung durch die Presse und einiger Politiker mit Zivilcourage.
Eine beschämende Rolle spielte die Schweiz. Vereinigung «Pro Infirmis». Nachdem unsere Kritik über die Zustände am «Sonnenberg» bereits auf der ganzen Linie bestätigt

worden war, nahm die Delegiertenversammlung «Pro Infirmis» vom 16. September 1944 Stellung «zur Art und Tendenz der publizistischen Behandlung von Mängeln und Fehlern in schweizerischen Anstalten durch die Wochenschrift «Nation». Sie muss diese Art von sensationellen, einer ungerechtfertigten Verallgemeinerung Vorschub leistenden Journalistik als ausserordentlich schädlich erachten für die gesamte Arbeit an schwererziehbaren Kindern. Die Delegiertenversammlung bedauert und verurteilt solche unsachliche Behandlung von Anstaltsfragen auch dann, wenn sachliche Missstände vorliegen, weil dadurch der Schaden nicht behoben, sondern noch vergrössert wird.»

Man muss diese erstaunliche Resolution schon zweimal lesen! Sie zeichnet sich aus durch einen totalen Mangel an Mitgefühl für die missbrauchten und misshandelten Kinder, die einzig und allein durch eine schonungslose Aufdeckung und Beweisführung von ihren Qualen erlöst werden konnten.

Am 11. Oktober 1944, gut zwei Monate nach unserer ersten Publikation, konnten wir den Fall abschliessen.

Erst das uns als «Sensationsmache» angekreidete energische Eingreifen brachte gründliche Abhilfe. Die beste Antwort auf den Vorwurf des Sensationsjournalismus war der Bericht der Expertenkommission der Schweizerischen Gemeinnützigen Gesellschaft (SGG), die drei Tage in Abwesenheit der Hauseltern Brunner im «Sonnenberg» weilte und zu den folgenden Feststellungen kam:

«Das Heim befindet sich in einem Zustand derartiger Vernachlässigung, dass dadurch den grundlegenden pädagogischen Aufgaben an den ihm zugewiesenen Zöglingen unmöglich mehr nachgekommen werden kann. Bei den Zöglingen lässt sich eine hochgradige Verwahrlosung weniger in körperlicher als vor allem in seelischer Hinsicht erkennen. Schlimm ist vor allem, was nicht getan, was unterlassen und vernachlässigt worden ist.»

DIE BETTELSUPPE

Die Redaktionsbüros der satirischen Zeitschrift «Der grüne Heinrich» befanden sich über der berühmten Konditorei Spillmann am Rheinsprung. Wenn ich jeweils nach Hause in Richtung Riehen fahren wollte, wartete ich bei der grossen Tramkurve zur Rheinbrücke, die ins Kleinbasel führt. Dort fährt das Tram etwas langsamer, weshalb man relativ gut aufspringen kann. Wir waren zu dritt, Max Sulzbachner, der Basler Maler, sprang zuerst, dann folgte C.F. Vaucher. Als ich an die Reihe kam (sie hatten gesagt: Du springst zuletzt, Du bist der Jüngste!), hatte der Wagenführer die Kurve mit dem Motorwagen bereits durchfahren und ging auf volle Geschwindigkeit. In diesem Augenblick sprang ich aufs letzte Trittbrett des Anhängers, der ruckartig anzog. Eine Hand am Griff genügte nicht. Ich erinnere mich noch an den Randstein des Brückentrottoirs; was dann geschah, fehlte in meinem Gedächtnis, als ich in einem Zimmer des Claraspitals erwachte und versuchte, den Inhalt meines Kopfes in Ordnung zu bringen.
«Sie haben Glück gehabt», sagte der Chefarzt bei der ersten Visite. Ich bedankte mich für seine Hilfe und fragte: «Kann ich nun gehen?» «Typisch Surava», sagte er und dann eindringlich: «Sie können gehen, aber wundern Sie sich nicht, wenn Sie in einem oder zwei Jahren als ‹Duubel› wieder bei mir landen.» (Duubel ist baseldeutsch und heisst soviel wie Idiot). Er erklärte mir noch die medizinischen Hintergründe, und ich blieb zwei Wochen liegen.
An einem der letzten Spitaltage lief ich ein wenig im Garten herum und entdeckte etwas, was seinen Niederschlag später, nachdem ich telefonisch Paul Senn herbeigerufen hatte, in einer Reportage fand, die hier wortgetreu wiedergegeben wird:

Die Bettelsuppe

Gewiss, man könnte es auch anders sagen. Zum Beispiel: «Die Speisung der Armen» oder «Eine schöne soziale Tat», je nachdem. Es kommt nur auf den Standpunkt an.
Es gibt aber Vorkommnisse und Einrichtungen, die nur ein Gesicht haben, die in ihrer brutalen Eindeutigkeit keine verschiedenartigen Deutungen und auch nur einen einzigen Standpunkt zulassen: den der Menschlichkeit und des sozialen Anstandes. Wer diesen Standpunkt nicht einnehmen kann, wer in unserem Fall zum Beispiel die Bezeichnung «Bettelsuppe» in «Speisung der Armen» abbiegt, ist niemals nur ein naiver und gutmeinender Zeitgenosse, sondern einer, der jeden Sinn für das Mass menschlicher Gemeinschaft verloren hat, dem vor allem eines fehlt: Herz und Gemüt. Und wo das fehlt, ist bekanntlich Hopfen und Malz verloren.
Was rede ich um den heissen Brei? Wo es mir doch auf den Lippen brennt, dieses neue Kapitel aus der «Unbekannten Schweiz».
«Er hat wieder etwas aufgestöbert», werden sie naserümpfend sagen, die Spiesser und Spötter, denen nichts mehr die Ruhe rauben kann; höchstens das fehlende Gnagi auf der Berner Platte. Nein, meine Besten, ich habe gar nichts «aufgestöbert». Ich sah es einfach, und wenn ich so etwas sehe, erachte ich es als menschliche und journalistische Pflicht zu reden.
Der Journalismus in der Schweiz hat sich in den Kriegsjahren zu einem hoffnungs- und würdelosen Lakaiendienst entwickelt. Man spielt Briefträgerlis vom Journalistenzimmer zur Redaktionsstube, geht stur, und weil es so Brauch geworden ist, an die glänzend organisierten Pressefahrten des Eidgenössischen Kriegswirtschaftsamtes, die dessen Chef zu einer Art spécialité helvétique gemacht hat, auf die er sehr stolz ist. Und die Bundeshausjournalisten lauschen bei Spazierfahrt und Bankett andächtig den geistreichen

Erläuterungen des Reiseführers über die Vortrefflichkeit unserer kriegswirtschaftlichen, industriellen und sozialen Einrichtungen. Man geht nachher heim mit dem beruhigenden und so angenehmen Gefühl: Alles im Butter – und der Zweck der Übung ist erreicht. Vielleicht bekommt Herr Schaffner nach dem Krieg eine gut bezahlte Stelle als offizieller Reisebegleiter bei Cooks. Jedenfalls versteht er es ausgezeichnet, die Journalisten von «staatsgefährlichen» und «herabwürdigenden» Seitenblicken hinter die schattigen Bäume der helvetischen Asphaltallee zu bewahren.
Doch genug davon!
In einer Schweizer Stadt gibt es ein Spital. Glänzend eingerichtet. Hervorragende Ärzte. Freundliche, gütige Schwestern. Alles in Ordnung. Blitzsaubere Betten, spiegelglatte Böden, kurzum ein Musterbetrieb par excellence. Neben dem Haupteingang, wo die Krankenwagen und Taxis vorfahren, gibt es eine unscheinbare Treppe, die ins Untergeschoss des Hauses führt. Diese Treppe erregte meine Neugier, als ich kürzlich als Patient in diesem vorzüglichen Spital weilte und an den Tagen der Genesung durch den herrlichen Garten spazierte. Kurz vor Mittag sah ich dort jeweils einzelne Männer die Treppe hinunter steigen, und ich wunderte mich, was sie dort zu tun hätten. So ging ich hinein und kam in einen düsteren, feuchten Raum. Ein säuerlicher Geruch stieg mir in die Nase. Was ich sah, war so seltsam und fremd, dass ich wohl eine kleine Weile erstaunt auf das sich darbietende Bild geschaut haben muss. Das Licht der sich öffnenden Türe fiel auf die weissen Hände einer schwarz gekleideten Schwester. Sie steht im Halbdunkel des Raumes und hat den schönen, ruhigen Ausdruck, den die Nonnen so oft tragen. Ihre blassen Hände halten eine Schöpfkelle und einen Blechnapf und schöpfen aus einem Kessel irgendeine Flüssigkeit. Der gefüllte Blechnapf geht in ein Paar furchige und knorrige Hände über; ein zweiter Blechnapf kommt aus einem anderen Paar Hände in die weissen Finger der

Schwester. Sie ist von einer Gruppe grauhaariger, gebeugter Männer umgeben. Ein jeder hält einen gleichen Blechnapf in den Händen und wartet, bis die Reihe an ihm ist.
Leise schloss ich die Türe hinter mir. Die Schwester begegnete meinem forschenden Blick und senkte schnell die Lider. Wo befand ich mich? War ich über die Stiegen einer kurzen Treppe einige Jahrhunderte zurück gewandert, ins Mittelalter? Ins 15. Jahrhundert?
Nein, mein Lieber, du bist nicht im Mittelalter und nicht in einem alten Kloster. Du bist im Keller eines modernen Spitals. In der Schweiz. Und man schreibt anno 1945. Komm und tritt ein!
– Setz Dich!
– Wohin soll ich mich setzen? Es gibt weder Stuhl noch Tisch.
– Da, setz dich auf einen dieser Kübel oder meinetwegen auf den Boden.
– Das sind ja Mistkübel, und sie stinken.
– Gewiss, sie stinken.
– Was ist darin?
– Öffne!
– Schweinekost!
– Dann schliesse den Deckel und setze dich darauf.
– Ich geniere mich…
– Wieso? Die alten Männer rings um uns genieren sich auch nicht.
– Was machen sie?
– Du siehst es, sie essen Suppe.
– Wieso?
– Weil sie Hunger haben.
– Aha, es sind Arme.
– Gewiss, es sind Arme. Da, fragen wir ihn einmal, warum er hier seine Suppe isst. Ist sie gut, die Suppe?
– Das geht Sie nichts an! Lassen Sie mich in Ruhe. Es genügt, wenn die Polizei uns hier aufstöbert und uns nach den Ausweisen frägt.

– Im Casino frägt die Gäste sicher niemand nach Ausweisen, oder?
Die Schwester, die nun von einem zum andern geht, reicht auch mir ein Stück Brot. Darauf war ich nicht gefasst. Es kommt mir in den Sinn, dass ich den Hut noch auf dem Kopf habe. Ich ziehe ihn verlegen: Nein, danke, Schwester, ich bin... nur zufällig... Und sie geht weiter.
– Was kostet die Suppe?
– Sie kostet nichts. Es ist die Bettelsuppe. Doch, sie kostet etwas.
– Was?
– Zwei Mahlzeitencoupons.
Aha, sie kostet zwei Mahlzeitencoupons. Das ist sie also, die «soziale Rationierung»! Im Restaurant bekommt man für diese zwei Coupons Suppe, Brot, Fleisch, Gemüse, Kartoffeln und Dessert, auch Kaffee, wenn man will. Die Bettelsuppe mit Brot aber kostet auch zwei Coupons!
– Früher mussten wir nur einen geben. Eines Tages aber hiess es: Auf Verordnung des Kriegswirtschaftsamtes müssen zwei Coupons abgegeben werden. So gaben wir sie halt. Wir haben sowieso kein Geld, um etwas dafür zu kaufen.
– Wie alt sind Sie?
– Vierundsiebzig.
– Beruf?
– Schreiner.
– Wovon leben Sie?
– Da!
– Was «da»?
– Da lebe ich, von dieser Suppe!
– Beziehen Sie Unterstützung?
– Fünfundfünfzig im Monat.
– Miete?
– Ich teile das Zimmer mit einem andern. Jeder zahlt fünfzehn.

– Sie leben also mit vierzig Franken im Monat?
– Leben?
Die Männer sitzen auf den Kesseln mit Saukost und schlürfen ihre Suppe. Einer hockt auf einer Zentralheizungsröhre. Zwischen den Füssen steht sein Blechnapf auf dem nassen, schmutzigen Boden. Er brockt sein Brot in die Suppe. Die Würfel fallen wie Tränen...
– Wie alt sind Sie?
– Einundsiebzig. Zuletzt habe ich elf Jahre beim gleichen Bauer gearbeitet. Sechzig Franken im Monat. Als ich nicht mehr konnte, musste ich aufhören... Gsüchti...
– Hat Ihnen der Bauer zum Abschied etwas gegeben?
– Können Sie denken!
– Unterstützung?
– 86 Franken im Monat.
– Miete?
– Fünfundzwanzig.
– Bleiben also 61 im Monat. Und die Wäsche, die Kleider, das Essen?
An einem weisshaarigen Kopf vorbei gehe ich zur Türe und weiss nicht, was ich sagen soll. Etwa «Guten Appetit» oder «Adieu»? Beides klänge lächerlich. So gehe ich wortlos, weil ich gehen muss, weil ich ja hier doch nichts mehr zu tun habe und nichts tun kann. Auch weil ich eine Wut habe, wie schon so oft. Was nützt sie? Nichts! Da hilft nur die Tat. Ich stehe auf der Strasse. Die Menschen kommen von der Arbeit. Sie gehen in ihre Häuser zum Mittagessen oder sie gehen ins Restaurant. Ich denke an die zwei Mahlzeitencoupons...
Könnte nicht jeder einen dieser alten Männer zum Essen laden? «Chumm go ässe.»
Doch da hilft keine mildtätige Aktion. Es gibt zuviele solcher alter Männer. Hunderte, Tausende, Zehntausende. Überall in der Schweiz. Almosen und Wohltätigkeit gehören ins Mittelalter! An ihre Stelle muss das Recht

treten, das Recht auf ein menschenwürdiges Leben, auf ein gesichertes Alter.
Mit gebeugten Rücken, mit müden, hoffnungslosen Gesichtern kommen die Männer aus dem Keller. Sie gehen auseinander. Der eine hier, der andere dort. Wohin? Sie gehen den Weg der Armen, den Weg des Alters; ein einsamer, bitterer Weg.
Ich bin nicht machtgierig. Aber in diesem Keller, auf diesen Saukübeln müssten mir zwangsweise unsere Bundesräte Stück für Stück eine Woche lang ihr Mittagessen einnehmen und aus dem Blechnapf ihre Suppe löffeln. Und es gäbe auch am Morgen und am Abend nichts anderes. Genau so wie diese alten Männer da. Vielleicht organisiert der Chef des Kriegswirtschaftsamtes einmal eine Pressefahrt zur Bettelsuppe. Aber dann bitte ohne vorheriges oder nachheriges Bankett! Auch der famose Chef des Kriegsfürsorgeamtes, der eine Aktion für die sofortige Einführung von Alterspensionen hintertreibt und der der Ansicht ist, das Schweizervolk wünsche keine raschen sozialen Reformen, sollte hier einige Wochen in Pension gehen. Jawohl, das sollte er – und viele andere, die noch nicht begriffen haben, was es geschlagen hat, mit ihm. Das wäre vielleicht die beste Förderung einer ausreichenden, wahren eidgenössischen Altersversicherung! *Su.*

Mit dem hier erwähnten «famosen Chef des Kriegswirtschaftsamtes» meinte ich Dr. Saxer, der soeben bekannt gegeben hatte, das Schweizervolk wünsche keine rasche Verwirklichung sozialer Reformen, es sei gegen grosse Neuerungen eher skeptisch eingestellt. Mit dieser Haltung befand sich Herr Saxer durchaus in Übereinstimmung mit dem Bundesrat, der noch vor kurzer

Zeit (1944) prinzipiell gegen eine Eidgenössische Altersversicherung war. Unter dem Druck einer starken sozialen Grundwelle kam der Gedanke an eine Übergangslösung auf. Doch auch das ging gewissen Leuten zu weit. Als 1945 ein Überparteiliches Komitee für Alterspensionen gegründet wurde, das den Bundesrat aufforderte, auf dem Vollmachtenwege allen über 65 Jahre alten Bürgern und Bürgerinnen sofort eine Alterspension von Fr. 200.– für Einzelpersonen und Fr. 350.– für Ehepaare auszurichten, um die alten Leute vor der grössten Not zu bewahren, verbot Herr Saxer, der auch Direktor des Bundesamtes für Sozialversicherung war, kurzerhand die Verbreitung des Komitee-Aufrufs und liess deren Postcheckkonto sperren.
Nicht einmal diese bescheidene Forderung durfte in den Köpfen des Schweizervolkes Fuss fassen, wäre dies doch eine Vorstufe zur an sich immer noch unerwünschten Altersversicherung (AHV) gewesen. Weil deren Verwirklichung ohnehin Jahre dauern würde, wäre eine Übergangslösung ein Schritt in die richtige Richtung gewesen. Er musste verhindert werden.

War mir der Name Dr. Saxer nicht schon früher begegnet? War das nicht jener Mann, der schon bei meinem Hilferuf für das Walliser Kinderheim eine merkwürdige Rolle gespielt hatte? Er war es! Auch damals war es die PTT, die antisoziale Handlangerdienste leistete, indem sie das Postcheckkonto des sich in grösster Bedrängnis befindlichen Walliser Kinderheims sperrte, dieselbe PTT, die auch versucht hatte, die Verbreitung der Zeitungs-Reportage über das Heimarbeiterdorf Eriswil zu verhindern.

In all diesen Fällen gegen eine um sich greifende Beamtenwillkür musste hart und beharrlich um die Durchsetzung von selbstverständlichen demokratischen

Rechten gekämpft werden. Nichts wurde geschenkt. Das faschistische Denken war über Italien und Deutschland auch in die Schweiz eingedrungen. Immer wieder mussten grosse und kleine Diktatoren in ihre Schranken gewiesen werden. Das darf heute, da wir eine gewisse soziale Sicherheit erreicht haben, nicht vergessen werden.

ENDE UND ANFANG

«Im Jahre 1947 war nun sicher für jeden, der sich ernstlich bemühte, die Möglichkeit vorhanden, Arbeit und Verdienst zu finden, wenn auch vielleicht nicht ganz auf dem von ihm gewünschten Gebiet.»
Dieser Satz steht in der Urteilsbegründung des Strafamtsgerichts Bern vom Juni 1949. Und dies, nachdem man mich nach der Entlassung aus der Untersuchungshaft im Mai 1946 fast drei Jahre auf die Hauptverhandlung warten liess.
An anderer Stelle heisst es zwar wörtlich: «Arbeitsscheu kann dem Angeschuldigten wohl nicht vorgeworfen werden, auch Liederlichkeit nicht; aber böser Wille ist für die Zeit vom 1. November 1947 bis 1. August 1948 sicherlich zu bejahen.»
Ohne diesen «bösen Willen» wäre eine Verurteilung wegen Vernachlässigung der Unterstützungspflicht kaum möglich gewesen. Doch da die ganze Anklage der «Nation» auf sehr schwachen Füssen stand, musste in diesem Punkt eine Sicherung eingebaut werden. «Böser Wille» ist zwar eher dem Gefühlsbereich zuzuordnen, und es brauchte denn auch höchst verworrene Einkommenskonstruktionen, um hier so etwas wie einen materiellen Beweis zu erbringen.
Ich verteidigte mich mit der unbestrittenen Tatsache, dass ich zuerst meine sich in grösster Not befindliche zweite Frau mit den Kindern versorgen musste. Ich half dort, wo die Not am grössten war. In der Urteilsbegründung heisst es dazu: «Dieser Standpunkt ist an sich nicht unrichtig, es frägt sich nur, ob der Verdienst nicht auch noch hingereicht hätte, um auch an die ehemalige Frau Geld abfliessen zu lassen.»
Die hochnotpeinlichen materiellen und moralischen Aufrechnungen des Gerichts kommen mir heute vor wie die

Verhöhnung meiner Notlage, die wohl von keinem einzigen der Richter auch nur annähernd hätte gemeistert werden können. Doch hier ging es nicht um die Berücksichtigung eines menschlichen Schicksals, sondern – wie in so vielen Punkten des Verfahrens – wurde auch dort eingehakt und verurteilt, wo man «im Zweifelsfall zu Gunsten des Angeklagten» hätte befinden können. Zudem liess sich mit der Schuldigerklärung gerade in dieser Frage besonders wirkungsvoll die Moral des Angeklagten in ein schiefes Licht bringen.
Die Appellation lief. Mein Anwalt war zuversichtlich: «Die Chancen stehen gut. Mit solchen Beweiskonstruktionen kann niemand verurteilt werden!»
Ich hatte grosse Bedenken, denn es war mir völlig rätselhaft, wie ich eine neue Durststrecke ohne jede Aussicht auf Arbeit und Verdienst bis zur Appellationsverhandlung beim Obergericht überstehen sollte. Es war als fast sicher vorauszusehen, dass ich meine Unterhaltspflichten erneut nicht würde erfüllen können. In diesem Fall würde ich allerdings nicht mehr mit einer bedingten Gefängnisstrafe davonkommen.
Wer würde noch zu mir stehen? Sogar dem Amtsgericht war die hoffnungslose Lage klar, liess sich doch der Gerichtsschreiber zur Erklärung hinreissen, die Möglichkeit, Arbeit und Verdienst zu finden, sei für Peter Hirsch stark eingeschränkt gewesen, weil zweifellos mancher Arbeitgeber sich schon im Hinblick auf seine politische Wandelbarkeit strikte geweigert hätte, ihm Arbeit zu geben. Wörtlich: «Ohne Berücksichtigung der Fähigkeiten des Hirsch Peter.»
Doch diese Widersprüchlichkeiten waren keine Hilfe; im Gegenteil: Die Möglichkeiten, Arbeit zu finden, waren nicht nur stark eingeschränkt, sie waren praktisch ausgeschlossen.
Mein Wille zur parteipolitischen Unabhängigkeit erwies sich als ein schwerer Fehler. Wäre ich in einer Partei

gewesen, hätte ich mit Rückendeckung rechnen können. Irgendwo wäre ich zu einer Arbeit gekommen. Ich aber glaubte, mir den sträflichen Luxus politischer Unabhängigkeit leisten zu können. Nun musste ich erfahren, dass es gefährlich, ja lebensgefährlich ist, auf den Schutz jeder Institution zu verzichten. Ein befreundeter Anwalt schrieb es mir deutlich: «Dieser Hochmut ist Ihnen weiss Gott teuer zu stehen gekommen. So sind Sie politisch verdammt worden, ohne politisch irgendwo verwurzelt zu sein.»

Die Isolierung nahm beängstigende Folgen an. Mein Vater, den ich sehr geliebt hatte, war gestorben. Die Turbulenzen um seinen Sohn bedrängten ihn sehr, schadeten ihm sicher auch beruflich. Wie sehr sie seinen frühen Tod mitverschuldet haben, kann ich nur vermuten. Die Kirche hatte ich verlassen, als der Papst Mussolinis Kriegsschiffe, die Giftgas an Bord hatten, bei der Abfahrt einsegnete. Jenes Giftgas, das Tausende von Äthiopiern elendiglich zu Grunde gehen liess.

Die Offiziere und Soldaten, mit denen ich Dienst geleistet hatte, wandten sich von mir ab, hatte doch Nationalrat Feldmann in der Neuen Berner Zeitung geschrieben, meine Presseangriffe gegen die unerbittliche Flüchtlingspolitik Bundesrat von Steigers und meine Warnung, ihn zum Vorsteher des Politischen Departements zu machen, bewege sich hart an der Grenze des moralischen Landesverrates. Die Folge war eine Pogromstimmung, unter der vor allem mein Sohn durch seine Schulkameraden schwer leiden musste. Was es für ein Kind bedeutet, wenn man ihm nachruft «Dein Vater ist ein Landesverräter», ist nicht auszudenken. Ich kann dazu nur mit Hildesheimer sagen: «Herr, vergib ihnen nicht, denn sie wissen, was sie tun.»

Was blieb, war ein kleiner Kreis von Freunden, die durch dick und dünn zu mir hielten und teilweise durch ihre Haltung ernste Nachteile erlitten. Ihre Hilfeleistungen drückten mich mehr als die Schulden beim Staat und den

Banken. Das Schlimmste aber war das Misstrauen selbst Gutgesinnter, das mir immer wieder begegnete. Ein Kollege aus der Skilehrerzeit sagte augenzwinkernd: «Du wirst doch hoffentlich die Fünfzigtausend gut versteckt haben?!»
«Verdammt. Was willst Du damit sagen?»
«Es stand doch in jeder Zeitung, dass die ‹Nation› durch Dich einen Schaden von fünfzigtausend Franken erlitten habe.»
Er hatte genau so unkritisch auf wohlüberlegte Formulierungen der Zeitungen reagiert wie irgendein Zeitungsleser. Mühsam musste ich ihm erklären, dass dies eine angenommene, fiktive Zahl sei, ein nicht existierender Schaden, den die «Nation» angeblich durch meine Geschäftsführung erlitten haben könnte. Der Hinweis des Präsidenten nach der Urteilsverkündung, dass nicht der Schatten eines Beweises für eine persönliche Bereicherung des Peter Hirsch bestehe, wurde meines Wissens nirgends publiziert.
Hin und wieder gelang es mir, einen geheimen Schreibauftrag zu erhalten. Ich wurde Ghostwriter eines bekannten Autors oder konnte unter Decknamen einen Essay oder ein Hörspiel plazieren, stets begleitet von der Angst, meine Identität könnte offenkundig und die Verdienstquelle abgestellt werden. Die grösste seelische Belastung aber waren die berechtigten Ansprüche meiner Angehörigen.
Ich hatte bereits erfahren, was es heisst, vorverurteilt zu leben. Nun war ich – wenn auch noch nicht rechtskräftig – vorbestraft. Und in dieser Lage sollte ich – stets mit einem Fuss im Gefängnis – eine neue, vielleicht jahrelange Wartefrist bis zur Appellationsverhandlung durchstehen?
In jenen Tagen traf ein Brief ein von Prof. Jonas Fränkel, dem vom Dichter Carl Spitteler selbst beauftragten Biographen, der für die Eidgenossenschaft das ganze Werk unseres damals wohl bedeutendsten Schweizer Dichters

und Nobelpreisträgers bearbeiten und herausgeben sollte. Die traurige Geschichte dieses unglücklichen Gelehrten, der wie keiner das Werk Spittelers kannte, muss erst noch geschrieben werden. Sie ist ein Schandfleck in der Literaturgeschichte der Schweiz. Wie es Bundesrat Etter gelang, Prof. Fränkel die Nachlassbetreuung des Spittelerwerks aus der Hand zu winden, ist ein politisch gefärbtes Trauerspiel, das gerne mit dem Mantel des Schweigens zugedeckt wird. Dieser handfeste Skandal wird genau so totgeschwiegen wie die Geschichte der «Nation» und die Hintergründe der Surava-Affäre. Professor Jonas Fränkel schrieb mir am 6. August 1949:
«Ich sorge mich um Sie im Hinblick auf Ihre Appellation an das Obergericht. Hoffentlich geben Sie sich keinen Illusionen hin! Die Herren am Obergericht sind um keinen Deut besser als die unteren Richter – vielleicht im Gegenteil. Richter, die diesen Namen verdienen, Richter mit ausgeprägtem Gewissen, die moralisch befugt wären, über ihre Mitbürger zu urteilen, sind bei uns wohl Ausnahmen, in der Regel sind es Proporzmarionetten.»
Der Literaturprofessor von europäischem Ansehen ist nie zu seinem Recht gekommen. Er starb in Enttäuschung und Verbitterung, weil das Werk Carl Spittelers seiner Meinung nach in die falschen Hände gekommen war. Die Sorge des Professors um meine Appellation war berechtigt. Sollte der damals bestgehasste Publizist eher zu seinem Recht kommen als der immerhin hochangesehene Professor? Doch mir blieb keine Wahl. Wer aufgibt, hat in der öffentlichen Meinung verloren, er liefert quasi einen freiwilligen Schuldbeweis.
Wenn ich die vierzig Jahre nach meiner Verurteilung vor 1. Instanz überblicke und an jene anderen unbequemen Journalisten, Schriftsteller oder Politiker denke, die mundtot gemacht oder ins Abseits getrieben wurden, sehe ich eine deutliche Linie und Methode. Die Demokratie schützt nicht vor heimtückischer Unschädlichmachung

unerwünschter Mahner, die man so simpel als «Nestbeschmutzer» bezeichnen kann. Es braucht nicht immer zu einer «Versenkung» im Gefängnis zu kommen, man kann einen Menschen auch auf andere Weise «trockenlegen» und aushungern, materiell und moralisch.

CHOR DER AUGUREN

Er tut einem fast leid, doch nur kein falsches Bedauern! Ausserdem weiss er zuviel. Er kann immer noch zurückschlagen. Noch hat er Pfeile im Köcher. Am besten ist es, wenn die Appellation nie zur Verhandlung kommt. Man sollte sie ihm ausreden, denn wenn er jetzt aufgibt, verliert er seine letzten Anhänger. Noch gibt es prominente Leute, die fest an seine Unschuld glauben. Zieht er zurück, wird jedermann denken: Er ist eben doch zu Recht verurteilt worden. Und damit hat er das Gesicht zeit seines Lebens verloren.

Nach meiner vorläufigen «Liquidierung» wurde das Leichentuch des Schweigens über die Person und das Werk des «Gestrauchelten» ausgebreitet. Der Name Surava und die von ihm aufgedeckten Missstände wurden mit grösster Akribie und Beharrlichkeit totgeschwiegen. Selbst Leute, die es genau wussten, wurden zu eisernen Kartäusern, wenn die Rede auf die «Nation» oder einen von der Zeitung aufgedeckten Skandal kam. Einzig Elsie Attenhofer, die selbst energisch gegen die Zensur und die unmenschliche Flüchtlingspolitik Bundesrat von Steigers gekämpft hatte, schilderte einmal am Fernsehen, was ihr die «Nation» in jener schwierigen Zeit des Widerstandes gegen den Ungeist aus dem Norden bedeutet hatte.

Zur Existenznot kam ein gesundheitlicher Zerfall, der durch eine chronische Schlaflosigkeit Formen annahm, die mir ebenso zusetzten wie die seelischen Belastungen. Heute wundert mich, ob ich je aus meiner Fiche etwas über die Hintergründe der vielen kleinen Verfolgungen erfahre oder ob ich mich mit den schwarz abgedeckten Streifen begnügen muss. Dafür ein Beispiel: Als wegen eines Föhnsturmes eine Reparatur an meiner Fernsehantenne nötig wurde, verriet mir der Monteur, er habe vom Dorfpolizisten den Auftrag erhalten, genau nachzusehen, ob diese Antenne nicht etwa ein Sender sei. Ein Denunziant hätte gemeldet, ich würde regelmässig Sendungen nach Moskau ausstrahlen. Ich musste dem Mann versprechen, dass ich ihn nicht verraten würde, wandte mich aber sofort voller Wut an den Bezirksammann.
«Was halten Sie von einer Abwehr, die durch die Dorfpolizei auf solche läppische Art Bürger bespitzeln und verdächtigen lässt?» fragte ich ihn.
Er meinte, dieses Vorgehen sei zumindest sehr unvorsichtig. Ich schrieb an den Bundesanwalt und protestierte gegen die Unterstellung. Die Antwort beschränkte sich auf die im militärischen Befehlston abgegebene briefliche Aufforderung, der Bundesanwaltschaft sofort den Namen meines Informanten bekannt zu geben. Meine Antwort war nicht sehr höflich. Ich schrieb zurück, dass ich im Gegensatz zu den Informanten der Bundespolizei kein Denunziant sei, mir jedoch als Bürger und Soldat grosse Sorgen mache, wenn eine Spionageabwehr eine gewöhnliche TV-Antenne nicht von einem Sender unterscheiden könne und auf dermassen kindische Art recherchiere.
Der Brief blieb ohne Antwort, doch ich bin sicher, dass er in meinem «Dossier» in Bern zu finden ist, wenn ihn nicht jemand aus Scham über soviel Dummheit entfernt hat.

Solche und andere Nadelstiche zermürben die innere Widerstandskraft. Langsam frisst sich der Wurm der Mutlosigkeit ins Gebälk des inneren Hauses. Der Glaube an das schliesslich doch obsiegende Recht ersäuft im Sumpf der Verdächtigungen und Lügen, und man überlegt sich, was das alles noch für einen Sinn habe. Durch das unablässig spürbare Misstrauen der Umwelt verändert sich das Ich, gerät in Auflösung und Larmoyanz. Man beginnt sich selber zu bedauern, und Selbstmitleid ist wohl das grösste Übel, das einem zustossen kann. Man wird nicht nur dauergespannt und aggressiv, sondern es findet im Unterbewusstsein eine nur schwer erklärliche Annäherung zwischen «Opfer» und «Täter» statt. Soll man sich nicht doch besser arrangieren, etwas gestehen, widerrufen wie ein Ketzer unter der Folter der Inquisition?

Ein Gentlemen's Agreement, wie ein Vergleichsversuch vor der Anklageerhebung durch gutmeinende Vermittler bezeichnet wurde, hatte ich bereits kaltblütig abgewiesen. Man liess mich wissen, dass man bereit sei, die Klage zurückzuziehen, wenn ich die Zürcher Zeitungsverkäufer dazu bewegen könne, nicht auf dem von mir mitunterzeichneten Vertrag zu bestehen. Welches Unmass von Unheil hätte ich abwenden können, wenn ich wirklich «flexibel» gewesen wäre. Sollte ich die fleissigen und keineswegs wohlhabenden Zeitungsverkäufer um den jahrelangen Lohn ihrer unermüdlichen Arbeit bringen, sie preisgeben, die doch am Erfolg der «Nation» und an meiner Arbeit so stark beteiligt waren?

Meine Stiernatur verwarf jeden faulen Kompromiss als verratenes Gewissen. Ich erinnerte mich an Georg Christoph Lichtenberg, der gesagt hat: «Ist es nicht sonderbar, dass die Menschen so gerne für Religionen fechten und so ungern nach ihren Vorschriften leben?»

Sollte ich verraten, was mir stets Ideal und Inhalt meiner journalistischen Arbeit gewesen war: die Unbestechlich-

keit? Gleichzeitig erinnerte ich mich aber auch an den Rat meines Freundes Paul Senn: «Pour vivre heureux, il faut vivre caché.»
Sollte ich den Rückzug einleiten? Mich in ein entlegenes Bergtal zurückziehen, wieder malen und Belletristik schreiben?
Der Besitzer eines grossen Kurhotels bot mir eine feste Anstellung als Hausskilehrer und Schwimmlehrer an. Ausserdem könnte ich die Gäste etwas unterhalten, Touren leiten und «Aktivferien» gestalten.
Ich ein Entertainer? No Sir.
Die Sehnsucht nach Ruhe, nach einem bescheidenen Einkommen und nach einem normalen Leben paarte sich mit dem Verlust jeder Hoffnung. Meine Telefonate mit dem zuständigen Oberrichter wurden zur verzehrenden Routine. Nach einem halben Jahr gestand er, noch nicht einmal die Akten gelesen zu haben. Er verfiel in einen fast weinerlichen Ton. Das Gericht sei hoffnungslos überlastet. Er komme einfach zu nichts. Vor einem weiteren Jahr sehe er keine Chance, das Verfahren eröffnen zu können. Dann wieder schlug er einen beschwörenden Ton an: «Was wollen Sie eigentlich? Das ist doch barer Unsinn. Wenn wir in vielleicht zwei Jahren den Prozess nochmals drannehmen, wird das Gras, das längst über die Geschichte gewachsen ist, wieder aufgerissen. Die Pressemeute wird sich erneut auf Sie stürzen. Sie kommen nie zur Ruhe, und ob es bei uns zu einem Freispruch kommt, weiss niemand. Nehmen Sie doch Vernunft an! Das ist doch alles hoffnungslos. Ziehen Sie die Appellation zurück! Ich meine es nur gut mit Ihnen.»
Das alles im schönsten, warmherzig-heimeligen Berndeutsch vorgetragen, weichte die letzten Widerstandsnester meiner Psyche auf.
«Kann ich den Rückzug zur Kenntnis nehmen?» fragte er, «es ist doch am besten so!»
«In Teufels Namen ja», sagte ich und hing auf.

Erst als ich die einsame Telefonkabine im Kleinbasel verliess, wurde mir klar, was geschehen war. Alles war falsch gelaufen. Ich hatte mich selbst verraten und verkauft. Mir war, als hörte ich das Gelächter der Auguren hinter meinem Rücken.
Brandeilig bestätigte das Obergericht meinem Anwalt den telefonischen Rückzug der Appellation. Als ich ihn anrief, liess er mir durch seine Sekretärin, die seinerzeit meine Verträge mit Hofmaier und der Partei der Arbeit getippt hatte, ausrichten, er sei für mich weder heute noch morgen und überhaupt nie mehr zu sprechen. Mit einem solchen Idioten, der eine so greifbar naheliegende Rehabilitation einfach hinwerfe, möchte er nicht mehr verkehren. Ich sei, sie sagte es wörtlich, für ihn gestorben.
Ich verfiel in eine abgrundtiefe Depression. Die Kränkung machte mich krank. Ich hatte meine Identität verloren durch eigenen Verrat. Aufgeben – das war nie meine Sache gewesen. Viel eher: «Dir selber treu, und daraus folgt so wie die Nacht dem Tage, du kannst nicht falsch sein gegen irgendwen.» (Shakespeare)
Was den Feinden nicht gelungen war, hatte ich selbst vollbracht. Ich hatte gegen den tiefsten Kern meines Wesens verstossen. Ich war im Abgrund zwischen Kampf und Kompromiss versunken. Einerseits wollte ich die mir vom Leben anvertrauten Menschen materiell nicht im Stich lassen, anderseits war dies nur mit einer Kapitulation zu erreichen. Dieses Ende bedeutete auch das Ende der Selbstachtung. Der spätere Minister Eduard Zellweger, ehemals im Vorstand der «Nation» und Initiator meiner Namensänderung sagte: «Ein Wiederaufnahmeverfahren ist ausgeschlossen. Nun müssen Sie es einfach aufgeben und verarbeiten. Sie sind nicht der erste und werden nicht der letzte Mensch sein, der für etwas verurteilt wird, was er nicht getan hat. Nur wenn total neue Gesichtspunkte, bisher unbekannte Tatsachen aufkämen, bestünde vielleicht die Möglichkeit, ans Bundesgericht zu gelangen.

Wie wollen Sie das je finanzieren? Zudem ist es immer schwer, von einer höheren Instanz zu erwarten, dass sie die untere desavouiert. Dafür gibt es genug Beispiele. Denken Sie an die Übergriffe der Polizei. Klagen Sie einmal gegen einen Polizisten!»
Ich versuchte es mit religiösen Überlegungen. Büsste ich vielleicht anstelle der nie begangenen Delikte für andere ungute Taten in meinem Leben, für die Sünden der Väter oder gar für die Sünden der Welt? Ein fest in der Reinkarnationslehre verhafteter Freund versuchte mir zu erklären, dass wir auch für Taten aus früheren Leben büssen müssten. Er riet mir, mein Karma nicht zusätzlich mit Hassgefühlen zu belasten, sondern meinen Feinden und mir selbst zu verzeihen. Seine Theorien verwirrten mich noch mehr. Ich konnte ihnen nicht folgen. Auch der barmherzige Gott der Kirchenväter vermochte mich nicht zu überzeugen.
Es begann ein hartnäckiger Kampf um die Säuberung meines Innenlebens von Enttäuschung, Hass, Wut, Verzweiflung und Resignation. Doch die Dämonen der Finsternis waren nicht umzubringen. Wie ich in die Klinik geriet, weiss ich nicht mehr. Der Zusammenbruch war umfassend. In meinem Gedächtnis fehlen jene Wochen, in denen mein inneres Selbst ums Überleben kämpfte.
Zwei Ereignisse sind jedoch fest in meiner Erinnerung verblieben. Als ich mühsam wieder zu mir selber fand, brachte mir die Krankenschwester einen Brief ans Bett. Er kam vom Maler-Dichter Karl Adolf Laubscher und enthielt eine Hunderternote: «Beihilfe zum Neubeginn. Sie werden es brauchen.» Die Geste rührte mich tief und entzündete einen winzigen Funken Lebenswillens.
Einige Zeit später besuchte mich ein junger Bekannter, der eben Rechtsanwalt geworden war. Er zog langsam, fast feierlich eine bekannte Tageszeitung aus der Tasche.
«Können Sie lesen?»
«Nein, noch nicht. Lesen Sie bitte vor.»

Wie im Traum vernahm ich die Meldung einer internationalen Presseagentur, die er in der Basler «National-Zeitung» gefunden hatte:
«In Paris hat ein Kongress der Gerichtsmediziner und Gerichtschemiker stattgefunden. In einem vielbeachteten Referat wurde dargelegt, dass die seit Jahrzehnten praktizierten Methoden zur Altersbestimmung von Unterschriften sich als absolut unzuverlässig erwiesen hätten, weil Tintenqualität, Federstärke, Lichtempfindlichkeit, Feuchtigkeitsgehalt, Papierqualität und klimatische Bedingungen eine genaue Altersbestimmung in keinem Fall zuliessen. Es sei anzunehmen, führte der Referent aus, dass aufgrund der bisher absolut unzuverlässigen Methoden eine unübersehbar grosse Zahl von Menschen unschuldig verurteilt worden seien.»

Ich verfiel in einen tiefen Erschöpfungsschlaf und dämmerte einer Wiedergeburt entgegen, die mein Leben von Grund auf verändern sollte.

NACHWORT DES VERLEGERS

Wer die 1950 abrupt endende Lebens- und Leidensgeschichte des politischen Journalisten Peter Hirsch/Surava gelesen hat, wird sich zu Recht für das weitere Schicksal dieses Zeitgenossen interessieren. Ist er vergessen, verschollen oder verstorben?
Auch in meinem Bewusstsein war der Name Peter Surava verschwunden. Bis zum Nachmittag des 5. Januars 1991, als meine Frau und ich zu einer kleinen Party am Zürichberg eingeladen wurden. Die Gastgeberin wollte mich mit einem Autor namens Steiger bekannt machen.
Ernst Steiger stiess erst spät zu unserer kleinen Gruppe. Ich schätzte den Mann auf Mitte sechzig. Er nahm sofort regen Anteil am Gespräch, das sich vor allem um den rätselhaften Einfluss von Strahlen in Wohnungen und Häusern drehte.
Dann kam es zur gegenseitigen Beschnupperung von Autor und Verleger. Schon bald sah es so aus, als ob wir die gleiche geistige Wellenlänge hätten. Auf meine unvermeidliche Frage, ob er in Sachen Buch «etwas ob» hätte, antwortete Ernst Steiger mit einem verschmitzten Lächeln: «Ja, aber nicht das, was Sie vielleicht vermuten.» Dann nahm er eine Visitenkarte aus seiner Brieftasche, kritzelte ein paar Worte auf die Rückseite und überreichte sie mir fast verstohlen.
Ich las: «Ich war Redaktor der ‹Nation›. Steiger ist ein Pseudonym für ehemals Peter Surava.»
Peter Surava? Blitzartig tauchte der Name aus meinem Unterbewussten ins Bewusstsein empor. Steiger, der offenbar eine negative oder immerhin eine reservierte Reaktion erwartet hatte, war sichtlich erfreut, als ich ihm sagte: «Doch, das tönt gut für mich! Ich möchte Ihr Manus lesen, Herr Steiger...»

Peter Suravas Monopol der menschlichen Dimension

Zwei Wochen später stand fest: Peter Hirschs Autobiographie «Er nannte sich Peter Surava» wird in unserem Verlag erscheinen.
In der Zwischenzeit sind wir Freunde geworden. Die Wahlverwandtschaft zwischen Autor und Verleger steht auf solidem Grund: Als ich den Namen Peter Surava auf der Visitenkarte las, fühlte ich mich schlagartig um 46 Jahre zurückversetzt, ins Redaktionszimmer des NZZ-Redaktors Edwin Arnet, der mich als jungen Journalisten und *enfant terrible* der Film- und Cabaretkritik gefördert hatte. Damals sagte er zu mir: «Jetzt findet wieder ein Verdingkinder-Prozess statt. Ich will unserem Chef Willy Bretscher vorschlagen, dass die NZZ nicht wie üblich einen Paragraphenfuchs, sondern einen jungen Journalisten mit Herz delegiert. Wir sollten die menschliche Dimension dieses sozialen Problems nicht einfach ‹diesem Surava› überlassen...Würde Sie das locken, Herr Rothenhäusler?»
So fuhr ich im Sommer 1945 nach Frutigen und verfasste für die Neue Zürcher Zeitung einen Gerichtsbericht voll Empörung und Mitgefühl für den misshandelten Verdingbuben. Im kleinen machte ich die Journalistenerfahrung, die Peter Surava im grossen machte. Die NZZ erhielt viele Leserbriefe, ich wurde als «Spezialist» auch von Ringier und anderen Blättern für ähnliche Prozesse eingesetzt; man berief den blutjungen Journalisten sogar in den Vorstand eines flugs gegründeten Komitees zum Schutz der Verdingkinder.
Es blieb bei diesem Abstecher in den sozialen «Enthüllungsjournalismus», der für Peter Surava zum Lebensinhalt – und zum Verhängnis – wurde.
Er galt während des Krieges und in den ersten Nachkriegsjahren als «Linker», ohne jegliche Parteiambitionen. Als die Partei der Arbeit dem Vorwärts-Redaktor Peter

Surava einen Maulkorb verpassen und ihn zum Verschweigen der Verbrechen Stalins bewegen wollte, zog er die Konsequenzen und verliess seinen Posten.

Zwei Leben – eine Gesinnung

Im Herbst 1950 begann Peter Hirsch ein neues Leben. Der Name Surava war gesetzlich verboten, der Name Hirsch offiziell verpönt und inoffiziell vom antisemitischen Odium behaftet (Soll ich es wiederholen? Peter Hirsch ist nicht Jude; bei der «Nation» hat man ihm aber aus «Rücksicht» auf die Schweizer Nazis die Namensänderung nahegelegt.)
Unter dem Pseudonym Ernst Steiger hat der 1950 öffentlich in der Versenkung verschwundene Peter Hirsch eine fruchtbare Tätigkeit als Journalist, Redaktor und Autor entfaltet. Von 1950 bis zum Frühjahr 1991 war er Chefredaktor der Monatsschrift «bewusster leben». Emil Oesch hat früh sein Talent entdeckt und ihn als Mitautor und Übersetzer beigezogen.
Schon als Peter Surava hat unser Autor Bücher verfasst. Sein Erstling «Tagebuch eines Skilehrers» (1939) ist eine so entzückende und sympathische Einführung in Graubündens winterliche Bergwelt, dass die Gemeinde Surava gut beraten wäre, dem Autor ihren Dorfnamen zurückzugeben. «Arrest in Sitten» (1943) macht uns mit dem Kunstfreund und Patrioten Peter Surava vertraut. Sein Bühnenstück «Juli 1940» erlebte über 300 Aufführungen.
Von Ernst Steiger sind u.a. erschienen: das Jugendbuch «Wolf, der Vagant», «Lesebuch für Tierfreunde» und die beiden Lebenshilfe-Bücher «Auf dem Weg zu sich selbst» und «Schicksal und Lebensstufen im Licht der späten Jahre».
Während das einst so starke Image von Peter Surava im Lauf der Jahrzehnte verblasste, bildete sich ein neues

unter dem Namen von Ernst Steiger. Stellvertretend für Peter Suravas zusehends kleiner werdende Lesergemeinde meldet sich auf Seite 117 dieses Buches der Publizist Oskar Reck zum Wort. Die treue und dankbare Lesergemeinde des Redaktors und Autors Ernst Steiger zählt heute nach Tausenden.

Wir haben uns lange gefragt, ob wir die Identität von Peter Hirsch/Surava und Ernst Steiger aufdecken sollten. Ich glaube, die Leserinnen und Leser dieses Buches dürfen und müssen diesen Zusammenhang zur Kenntnis nehmen. Am Ende besitzt das der Wahrheit verpflichtete Credo des politischen Journalisten Peter Surava und das Berufsethos des Schriftstellers Ernst Steiger eine über 50jährige Konstanz und Kontinuität, die ihresgleichen sucht.

Paul Rothenhäusler

ZEITTAFEL

1912 geb. 25. April in Zürich. Schweizer, Bürgerort Stadt Zürich.

1928–1930 Kaufmännische Lehre in Zürich.

1931 Graphische Ausbildung und Arbeit in graphischem Atelier in London.

1935 Administrativer Leiter eines freiwilligen Arbeitslagers für jugendliche Erwerbslose in Niederweningen.

1936 Mit Ehefrau Aufnahme der Tätigkeit als Herbergseltern in der Jugendherberge Lenzerheide.

1938 Schweizer Brevet als Skiinstruktor. Leiter der Skischule Valbella.

1939 Ständige Mitarbeit als freier Journalist bei verschiedenen Zeitungen und Zeitschriften, hauptsächlich bei der Wochenzeitung «Die Nation» in Bern. Erstlingswerk *«Tagebuch eines Skilehrers»* im Oprecht Verlag Zürich.

1940 Der bisherige Chefredaktor der «Nation», Dr. Hans Graf, schlägt Hirsch als seinen Nachfolger vor. Rekrutenschule für Nachgemusterte in Bern.

1941 Auf Grund der langjährigen schriftstellerischen und journalistischen Tätigkeit unter dem Pseudonym Peter Surava bewilligt der Regierungsrat des Kantons Zürich die Namensänderung von Hans Werner Hirsch in Peter Surava.

1942 Intensiver Kampf gegen die nazistischen Einflüsse und die Pressezensur. Beschlagnahmung der «Nation» und des «Nebelspalters». Einsatz für eine humanere Flüchtlingspolitik.

1943 Aufnahme ins Berufsregister des Vereins der Schweizer Presse und des Zeitungsverlegervereins. Fotoreportage mit Paul Senn über die soziale Not der Heimarbeiterinnen in Eriswil. Im AZ Verlag Aarau erscheint das Soldatenbuch *«Arrest in Sitten»*. Der «Tagesanzeiger» schreibt dazu: «Das Buch schliesst erschütternd und sollte ebenso gelesen werden wie John Steinbecks ‹Der Mond ging unter›.»

1944 Fotoreportagen mit Paul Senn in der «Nation»: *Schweizer Kinder in Not.* Reportage über ein Walliser Kinderheim.
Besser Vieh als Knecht. Gerichtsfall über das Schicksal der landwirtschaftlichen Hilfskräfte.
Nur ein Verdingbub. Bericht über die Misshandlungen eines Verdingbuben und die Hintergründe.
Ein gewisser Herr Brunner. Reportage über die Zustände in einer Erziehungsanstalt für Knaben in Kriens.
Berichte über die schweizerische Anstaltskrise.
Wir haben es gesehen (La France accuse). Bericht über die Ausrottung und die Ermordung der ganzen Bevölkerung des Dorfes Oradour durch die SS. Bericht über die Massengräber von Geiseln und Widerstandskämpfern in Lyon.
Das Bühnenstück *«Juli 1940»* von Surava erlebt mit der Schauspieltruppe «Die Tribüne» über 300 Aufführungen. Die Zürichsee-Zeitung bezeichnet «Juli 1940» als ein «gesinnungsmässig starkes und bemerkenswertes Stück». Ende Dezember Austritt aus der Redaktion der «Nation».

1945 Aufnahme der Redaktionstätigkeit beim Organ der Partei der Arbeit «Vorwärts», der zuerst in Genf als Wochenzeitung und später als Tageszeitung in Basel erscheint.

1946 Am 16. Mai wird Surava an seinem Wohnsitz in Basel verhaftet und bleibt in Untersuchungshaft in Basel und Bern bis am 7. Juni 1946.
Im gleichen Jahr sprach das Zürcher Bezirksgericht dem Autor das Recht ab, den Namen Surava weiterzuführen. Die Appellation an das Zürcher Obergericht hebt das Urteil auf und gestattet Surava, diesen Namen weiter zu tragen.
Während der Untersuchungshaft wird Surava unter polizeilicher Begleitung nach Lausanne überführt, wo das Bundesgericht mit Urteil vom 24. Mai 1946 die vom Regierungsrat des Kantons Zürich bewilligte Namensänderung aufhebt (BGE 72 I 145ff.).

1947 Nach der Entlassung aus der Untersuchungshaft Wiederaufnahme der Arbeit beim «Vorwärts» und beim «Grünen Heinrich» in Basel.

1948 Unüberwindliche Meinungsverschiedenheiten in der Redaktion des «Vorwärts» über die Politik der Partei der Arbeit und ihrer Presse. Wegen der deutlichen Moskauhörigkeit der Redaktion verlassen die beiden als «bürgerlich» bezeichneten Redaktoren, Dr. Xaver Schnieper und Peter Hirsch (Surava), die Redaktion. Im Juni publiziert Peter Hirsch (Surava) in der «Tat» die Artikelserie «Auch ich wählte die Freiheit».

1949 Erst 2 3/4 Jahre nach der Verhaftung im Jahre 1946 wird im Berner Amtsgericht am 31.1.–2.2.1949 die Hauptverhandlung der Strafklage der «Nation» gegen Hirsch und Mauch angesetzt. Gegen das Urteil wird sofort appelliert.

1950 Verschleppung der Appellation durch das Obergericht Bern. Ende 1950 erklärt der zuständige Richter, vor Ablauf eines weiteren Jahres könne er keine Akten lesen. Er überredet Hirsch zum Rückzug der Appellation, weil er sonst jahrelang keine neue Existenz aufbauen könne.

1991 erscheint die Autobiogaphie «Er nannte sich Peter Surava».

Bildnachweise:

Die Fotos von Paul Senn wurden uns vom Paul Senn-Archiv der Bernischen Stiftung für Fotografie, Film und Video zur Verfügung gestellt.

Paul Senns Schaffen wird in einem Bildband gewürdigt: «Paul Senn, Photoreporter», 220 Aufnahmen. Text von Guido Magnaguagno. Benteli Verlag 1981.

PERSONENREGISTER

Allemann, Hermann 26, 152, 162
Anker, Albert 177
Arnet, Edwin 222
Attenhofer, Elsie 214

Baumgartner, A. 91
Bähler, Staatsanwalt 25
Baruch, Bernard 41, 236
Becker, Maria 167
Bernays, Walter 145f., 169
Bichsel, Otto 70f., 132f.
Bill, Max 100
Bischoff, Gerichtsmediziner 151f.
Bircher, Eugen 91
Bittersüss, Chiridon 40
Bitzius, Albert 40f.
Bloch, Arthur 30
Boccaccio 40
Böckli, Carl 111, 123
Bormann, Martin 60
Bratschi, Peter 161
Bretscher, Willy 60, 222
Brown, Sidney H. 56
Brunner, Emil 57
Brunner, Josef 191f., 226
Bucher, Otto Heinrich 118
Büren, Willy von 161
Bührle, Dieter 9
Burri, Franz 115

Carola, Edith 167
Celio, Enrico 186f.

Churchill, Winston 60

Däniker, Gustav 116f.
Dreyfus, Alfred 158
Dukas, Lotte 167f.
Dulles, Alain 106
Duttweiler, Gottlieb 87f.

Ebner-Eschenbach, Maria 235
Eden, Anthony 60
Erni, Hans 93
Ernst, Hauptmann 121
Escher, Alfred 40
Etter, Philipp 166

Feldmann, Markus 211
Fränkel, Jonas 212f.

Gasser, Manuel 87f.
Gerber, Untersuchungsrichter 151f.
Gerwig, Jean-Pierre 167
Gfeller Gody 70f.
Giacometti, Z. 39
Gmür, Harry 108f.
Goebbels, Josef 10, 13, 29
Goethe, Johann Wolfgang 69, 184
Gotthelf, Jeremias 25, 40f., 70f.
Gottwald, Klement 100
Graf, Hans 11f. 225
Gretler, Heinrich 167
Grimmelshausen, H. J. 40

Guex, Bundesrichter 33
Gurny, Oberrichter 28

Habe, Hans 167
Hablützel, Bundesrichter 33
Hauffler, Max 167
Havel, Václav 68
Heuss, Theodor 236
Hildesheimer, Wolfgang 211
Himmler, Heinrich 60
Hindenlang, Charles 93
Hitler, Adolf 10f., 28f., 59f.
Hofmann, Max 167f.
Hofmaier, Hedi 90
Hofmaier, Karl 51,89f., 106
Hohl, Ludwig105
Holzer, Untersuchungsrichter 51, 127
Huber, Max 55f., 59, 88
Hus, Johannes 40
Hutten, Ulrich von 40

Imesch, Louis 46

Jaeckle, Erwin 87f.
Jaggi, Arnold 55
Jungk, Robert 167

Kägi, Jakob 27
Kasics, Tibor 7
Keller, Gottfried 40
Kisch, Egon Erwin 12
Klein, Fritz 63
Knie, Marie-Antoinette 124
Kollwitz, Käthe 235
Kopp, Elisabeth 168
Krähenbühl, N. 85

Kübler-Ross, Elisabeth 20
Kübler, Arnold 128

Lang, Heiri 39
La Rochefoucault, F. 234
Laubscher, Karl Adolf 291
Lehmann, Otto 166
Liebermann, Max 29
Lichtenberg, G. F. 216
Lindi, Max Lindegger 93
London, Jack 12
Loosli, C.A. 25, 191f.
Lusseyran, Jacques 232

Mann, Golo 29
Manzegazza 233
Mauch, Adolf 14, 26, 150f.
Meierhans, Paul 88f.
Meyer, K. 61
Molière 40
Motta, Giuseppe 90
Mühlestein, Hans 89, 93
Mussolini, Benito 57, 90, 211

Nicole, Léon 105

Oeri, Albert 60
Oesch, Emil 223
Oprecht, Hans 13, 54

Pascal, Blaise 40
Peck, Josef H. 234
Pestalozzi, Heinrich 56
Pilet-Golaz, Marcel 60, 62, 92
Platon 237
Pometta, Bundesrichter 33

Quisling, Vikdun 60, 120f.

Rasser, Alfred 167
Rauschning, Hermann 59
Reck, Oskar 116f., 224
Rosay, Françoise 235
Rosenbusch, Ernst 112

Samuel, Lord 235
Saxer, Kriegsfürsorgeamt 16, 142, 205f.
Schaad, Gerichtspräs. 150, 172
Schäppi, Benno 125
Schaffner, Bundesrat 201
Schauwecker, Hans 89, 94
Schmid, Max 30
Schnieper, Xaver 107f., 226
Schnöller, Etienne 11, 14, 47f.
Schopenhauer, Arthur 236
Schubert, Franz 235
Schudel, Otto 108
Schürch, Redaktor 60
Schumacher, Felix von 113
Schumacher, Karl von 113
Schwarz, Hans 25, 69
Senn, Paul 42f., 70, 128f.
Sinclair, Upton 12
Shakespeare 218
Sokrates 237
Sonderegger, H. 29
Spitteler, Carl 212f.
Staiger, Otto 93
Stalin, Jopseph 10f. 223
Steger, Hans-Ulrich 167

Steiger, Eduard von 16, 30f., 126f.
Steiger, Ernst 221f., 233, 237
Steinbeck, John 226
Strebel, Marcel 30
Strebel, Bundesrichter 33
Sulzbacher, Max 93, 199
Suter, J. A. 40

Thomas von Aquin 40
Tuason 186
Treichler, J. J. 40
Trösch, Gerichtspräsident 73

Vaucher, C.F. 92, 166f., 199
Varlin 93

Wattenwyl, A. von 63
Weber, Karl 67
Weber, Max 32
Weber, Trudi 95, 105
Wellauer, Walter 93f., 127, 150f.
Widmann, J.V. 192
Wyler, Berthold 63
Wyrsch, Peter 95

Zellweger, Eduard 27, 33, 218
Ziegler, Bundesrichter 33
Zingg, Marie-Rose 43f., 141f.
Zuckmayer, Carl 237
Zurlinden, Irène 93

Nicht berücksichtigt: die Namenliste auf den Seiten 102 – 104

Leseprobe

GEGEN DIE VERSCHMUTZUNG DES HERZENS

Wir sind täglich unendlich vielen Einflüssen ausgesetzt, die versuchen, in unser Inneres vorzudringen. Der blinde französische Schriftsteller Jacques Lusseyran hätte am 27. Juli 1971 in Zürich einen Vortrag halten sollen, den er mit dem Titel «Gegen die Verschmutzung des Ichs» versah. Drei Wochen vorher kam er mit seiner Frau bei einem Autounfall ums Leben, doch er hat ein Manuskript hinterlassen, das unzähligen Menschen zu einer inneren Hilfe geworden ist. Darin bittet er seine Zuhörer, jeden Abend vor dem Schlafengehen zwei Minuten innezuhalten und sich zu fragen, was wirklich in unserem Innern ist. Wir werden dann dort ein wirres Durcheinander von Bildern und Tönen finden, die aufflackern und vergehen, Bildfetzen, die sich nie zu einer ganzen Form entwickeln: der ganze Trödelkram des Alltagsbewusstseins. Und Jacques Lusseyran fragt, ob das wirklich Töne und Bilder sind, die wir selbst in uns hineingelegt haben oder nur Fetzen aus Radio und Fernsehen, Worte von Menschen, die uns eine Meinung oder Ware verkaufen wollen. Wir werden dann die widerwärtige Entdeckung machen, dass unser Innenraum gar nicht uns selbst gehört, sondern dass er ein Schrotthaufen von Worten, Schreien und Musik geworden ist, in dem sich unendlich vieles befindet, was wir gar nicht wollten und wo wir unsere «persönlichen Effekten» wie eine Stecknadel im Heuhaufen suchen müssen. Versuchen wir, diese zwei Minuten täglich darüber nachzudenken und den Unrat aus uns herauszuwerfen, damit Raum werde für die Reinheit des Herzens und das bewusste Leben.

«Es herrscht Krieg gegen das Ich. Darüber dürfen wir uns keinen Augenblick hinwegtäuschen. Müssen wir heute nicht zusehen, wie diejenigen, die traditionsgemäss dem Ich am nächsten standen, die seine Wahrer und Verkünder waren, ich meine die Intellektuellen und die Künstler, in immer grösseren Verbänden zur Armee der Angreifer überlaufen! ... allesamt vergessen sie, dass das Ego nicht das Ich ist, sondern die flüchtige, schillernde, augenblickswillkürliche Oberfläche des Ich, und dass man das Ich tötet, wenn man dem Ego alle Rechte einräumt.»

Jacques Lusseyran

«Die meisten Menschen suchen ihr Glück darin, alle ihre Wünsche befriedigen zu können. Wehe dem Unglücklichen, dessen Wünsche erfüllt werden und dem nichts mehr zu wünschen übrig bleibt.» Manzegazza

Wenn wir uns einmal über die Unsumme von Gebrüll statt Gesang, Geschwätz statt Gespräch, Überredung statt Aufklärung, Druckerschwärze statt Information, Lärm statt Musik – klar geworden sind, werden wir lernen, unseren Lebenskompass gegen diesen Unrat abzuschirmen. Schon die kleinsten Teilerfolge in der Bewahrung des Ich werden ungeahnte Früchte tragen; wir werden plötzlich wieder in all dem Lärm die eigene Stimme und diejenigen der Menschen vernehmen, die uns wirklich etwas zu sagen haben.

Aus: *Ernst Steiger, Auf dem Wege zu sich selbst.* 52 Wochenmeditationen. Rothenhäusler Verlag Stäfa

Leseprobe

VOM GLANZ DER REIFEN JAHRE

Wer sich selbst und den eigenen Weg finden will, muss untertauchen und sich wenigstens vorübergehend total abkehren vom Gewimmel und Gezänk dieser Welt.
Ein spanisches Sprichwort sagt: «Wenn du sehr alt werden willst, musst du beizeiten damit anfangen.» Das gilt im gesundheitlichen und geistigen Sinne. Nur wenn in unserem äusseren und inneren Dasein einigermassen Ordnung herrscht, kann die Vorbereitung auf ein glückliches Alter beginnen.
Der Schriftsteller Joseph H. Peck sagt: «Die besten Jahre – das ist jene Zeit im Leben, in der ein Mann zurückblickt und entdeckt, dass der Berg, den er erklomm, nur ein Maulwurfshügel war.»
Mir gefällt die versteckte Ironie in diesen Worten; aber sie haben auch einen andern, bedeutsamen Gehalt: Die meisten von uns überschätzen ihre Sorgen und Schwierigkeiten, die ihnen manchmal als erdrückende Steilwände unbezwingbarer Gipfel erscheinen. Wer sich aber unbeirrt auf den Weg macht, wird später feststellen, dass er sich eine Menge Sorgen gemacht hat über Gefahren, die ihm nie begegnet sind. Wir treten zwar, wie La Rochefoucauld es sagt, als Neulinge in jedes Lebensalter und ermangeln darin der Erfahrung, aber gerade diese Übergänge von einer Lebensphase zur andern können sich als belebendes Wechselbad auswirken und uns neue Einsichten und Impulse vermitteln.
Viele haben dies am eigenen Leibe erfahren, und die nun folgenden Äusserungen bestätigen es und können uns mit Mut und Zuversicht erfüllen.

«Das Alter verklärt oder versteinert», sagt Maria von Ebner-Eschenbach. Die Wahl liegt bei uns selbst. Wir sind frei, uns für die eine oder andere Möglichkeit zu entscheiden. Ein prachtvolles Zeugnis für den Weg der Verklärung hat uns sonderbarerweise die grosse Künstlerin Käthe Kollwitz hinterlassen. Sonderbar, weil gerade eine Frau, die sich durch ihren unvergleichlichen künstlerischen Einsatz so beharrlich und mutig für die Ärmsten der Armen, gegen Unrecht und Not eingesetzt hat und deren Leben und Werk von unablässigem Mit-Leiden erfüllt war, nicht in Resignation über ihren aussichtslos erscheinenden Kampf versunken ist, sondern uns die folgenden ermutigenden Worte hinterlassen hat: «Ich habe stets grosses Misstrauen gegen das Alter gehabt und meinte, ein anständiger Mensch müsste sich aus dem Leben begeben, bevor er ein trauriger Abklatsch seiner selbst aus der guten Zeit ist. Und nun erlebe ich, schon ein gutes Stück auf absteigendem Wege, dass das Leben mir klarer, erträglicher ist als in der Jugend, ja dass es mir immer besser darin gefällt. Wenn das so fort geht, werde ich mich wohl hüten, bei Eintreten der Altersschwäche mich aus dem Leben zu begeben und werde eine höchst vergnügte Greisin werden.»
Lord Samuel sagte: «Man kann nichts dagegen tun, dass man altert, aber man kann sich dagegen wehren, dass man veraltet.» Man veraltet vermutlich dann, wenn man nicht mehr ohne die Vergangenheit leben kann und unfähig geworden ist, festgefahrene Ansichten zu ändern und sich neuen zuzuwenden.
In schöner und tröstlicher Einfachheit sagt Schubert: «Der Abend des Lebens bringt seine Lampe mit.»
Was älter werdende Menschen besonders aufhellt, ist die Gottesgabe des Humors, vor allem, wenn es der feine, weise Humor des Wissenden ist. «Kluge Menschen verstehen es, den Abschied von der Jugend auf mehrere Jahrzehnte zu verteilen», sagte mit liebenswerter Ironie die grossartige Schauspielerin Françoise Rosay, und der wei-

se Theodor Heuss schrieb: «Man muss auf anständige Weise verstehen, älter, vielleicht alt zu werden, um die Chance zu wahren, jung zu bleiben.»

Das helle Lachen der Jugend und das schallende Lachen der Lebenskraft verwandeln sich im Alter zum Schmunzeln, zum gütigen Verstehen und zum Lächeln nach Innen. Es gibt dafür herzerfrischende Beispiele wie die Antwort des Hundertjährigen auf die Frage des Reporters, worauf er sein hohes Alter zurückführe. «In erster Linie auf die Tatsache, dass ich heute vor hundert Jahren geboren wurde», sagte der Greis lächelnd.

Eine liebenswerte Anekdote bot auch eine Grossmutter, die im Alter von 86 Jahren auf die Schädlichkeit ihres beachtlichen Kaffeegenusses aufmerksam gemacht wurde. «Ach», sagte sie, wenn mich der Kaffe *so* langsam tötet, bleibe ich noch ein bisschen dabei.»

Ein Arzt erzählte mir die Geschichte von einem Patienten, der ihn wegen Beschwerden im rechten Knie aufsuchte. Nach gründlicher Untersuchung sagte der Mediziner: «Nun, das sind eben Alterserscheinungen, mit denen man sich abfinden muss.» – «Unsinn», sagte der Patient, «mein linkes Knie ist genauso alt und vollkommen in Ordnung.

Der berühmte Bankier Bernard Baruch sagte: «Unter hohem Alter verstehe ich immer: 15 Jahre älter als ich bin.»

Und sogar Schopenhauer, der uns auf alten Bildern stets mit griesgrämiger Miene entgegenblickt, scheint im Alter den Sinn für dessen schöne Seiten erkannt zu haben, als er schrieb: «Die ersten vierzig Jahre unseres Lebens liefern den Text, die folgenden dreissig den Kommentar dazu, der uns den wahren Sinn und Zusammenhang des Textes nebst der Moral und allen Feinheiten desselben erst recht verstehen lehrt.»

Echter Humor führt immer zu einer Bereicherung des Lebens, er erweitert das Blickfeld und macht grossherzig, gütig und tolerant. Es liegt in ihm das lebensbehauptende und lebenserhaltende Prinzip, das in seiner höchsten Form in den Glauben an die Unsterblichkeit mündet. Platon lässt es den todgeweihten Sokrates im Gespräch mit Kebes mit einzigartiger Klarheit sagen: «Wenn also der Tod an den Menschen herantritt, dann stirbt offenbar nur das, was sterblich ist an ihm; das Unsterbliche aber entschwindet heil und unversehrt und entrinnt dem Tode.»

Wenn es uns gelingt, die Kraft zur Gestaltung der eigenen Persönlichkeit aufzubringen und uns nicht rücksichtslos, aber unbeirrbar zu behaupten, dann wird das wahr, was Carl Zuckmayer im «Aufruf zum Leben» so überzeugend geschrieben hat: «Jedes einzelne Leben, einmalig und einzig in eines Menschen Leib und Seele geprägt – jedes einzelne Leben, das trotz und gegen die Vernichtung sich erhält und seiner Losung treu bleibt, ist eine Macht, eine Festung, an der sich der feindliche Ansturm brechen muss.»

Aus: *Ernst Steiger, Schicksal und Lebensstufen im Licht der späten Jahre.* 7. Auflage 1991. Rothenhäusler Verlag Stäfa

Ernst Steiger
Auf dem Wege zu sich selbst
Diese 52 Wochenmeditationen sind unzähligen zum Wegweiser für eine aufbauende Lebensgestaltung und für einen positiven Umgang mit sich selbst und anderen geworden.

Ernst Steiger
Schicksal und Lebensstufen
im Licht der späten Jahre
Die meisten Menschen treten unvorbereitet in den Lebensnachmittag ein. Es ist die Chance der späteren Jahre, einen tieferen Sinn ins Leben zu bringen, um jene Dimensionen zu erschliessen, die zu einem erfüllten Dasein führen. Aus reicher Lebenserfahrung schildert der Autor hilfreiche und sinnvolle Vorbereitungen auf die zweite Lebenshälfte.

Ernst Steiger
Mut zur inneren Freiheit.
Vom Aufbruch der Seele
In seinem neuen Lebensbuch schildert der Autor anhand vielseitiger Alltagssituationen, wie den Herausforderungen des Lebens angstfrei begegnet werden kann. Es vermittelt eine geistig-seelische Grundhaltung, die zum Schlüssel einer kreativen Bewältigung von Lebenskrisen wird. Befreite menschliche Beziehungen stehen im Mittelpunkt des Buches, das auf der Suche nach der eigenen Identität praktisch realisierbare Wege aufzeigt, die zu einer tieferen Erlebnisfähigkeit und zu einem glücklicheren Leben führen. Das von Rosmarie-Susanne Kiefer illustrierte Buch erscheint im November 1991.

Rothenhäusler Verlag CH-8712 Stäfa, Schweiz

Elsie Attenhofer
Réserve du Patron. Im Gespräch mit K.
Elsie Attenhofer hat einen meditativen Rechenschaftsbericht geschrieben: über sich, ihren Beruf als Kabarettistin, ihre Ehe mit dem Germanisten und ETH-Professor Karl Schmid... Man hat bei der Lektüre den Eindruck, sie beziehe einen ein in ihre Gespräche mit K., ihrem 1974 verstorbenen Mann, und sie würde zur Erläuterung jeweils in Briefen kramen, Bücher nachschlagen und daraus vorlesen.
Die Autorin übergeht auch ihre Stücke nicht, jenes gegen den Antisemitismus, «Wer wirft den ersten Stein?», und das Schauspiel «Die Lady mit der Lampe». Was sie nur flüchtig berührt, das ist ihre Lebensleistung am Cabaret Cornichon. Dieses «Réduit des freien Wortes» bleibt aber auch so im Hintergrund der Erinnerungsarbeit gegenwärtig.
Beatrice von Matt in der Neuen Zürcher Zeitung

Ulrich Kägi
Am Ende – am Anfang. Gespräche mit Hiob
Erlebnisse eines Journalisten und Schriftstellers nach einem Hirnschlag. Vier Jahre nach seinem Hirnschlag vom 19.9.86 erscheint Ulrich Kägis Bericht über die Isolation und den verzweifelten Kampf um Sprache und Kommunikation. Dank seiner Charakterstärke wird das vermeintliche Ende zum neuen Anfang.

Fridolin Tschudi
Froh sein, dass wir leben dürfen
Die schönsten Verse des heiteren Schweizer Poeten Fridolin Tschudi (1912–1966). Kleine Seelenapotheke für die einsame Insel oder für das Musse-Viertelstündchen im wogenden Ozean des Alltags.

Rothenhäusler Verlag CH-8712 Stäfa, Schweiz

24.4.95
Geschenk von Christine Fürst